Vorarlberg

Meine Lieblingsplätze

❖

Kunsthaus
Von außen ein schlichter Quader, innen schlicht wundervoll. Kaum eine Großstadt bietet so spektakuläre Ausstellungen wie das kleine Bregenz
->S. 50

❖

Breitachklamm
Ein Spaziergang durch die enge Schlucht im Kleinwalsertal ist ein kleines Abenteuer. Wasserfälle tosen über die Felswände und machen die Tour zu einem feuchten Erlebnis
->S. 58

❖

Propstei St. Gerold
Jazzkonzerte, Kunstausstellungen, Reittherapien – das Angebot der Propstei im Großen Walstertal geht weit über das Übliche hinaus, dennoch ist die Kloster-Dependance auch ein Ort der Ruhe und Besinnung
->S. 100

Liebe Leserin, lieber Leser,

„Kennen Sie Vorarlberg?" habe ich vor gut einem Jahr eine Reihe von Bekannten und Kollegen gefragt. Viele wussten zwar, dass es sich um ein österreichisches Bundesland handelt (auch wenn manche auf die Schweiz getippt haben), und einige konnten sogar Bregenz als Hauptstadt benennen. Aber viel mehr war nicht bekannt. Es ist erstaunlich: Verglichen mit Tirol, Kärnten oder dem Salzburger Land fristet Vorarlberg ein Mauerblümchendasein im Bewusstsein vieler Deutscher. Wir haben uns dennoch – oder vielleicht deshalb – entschlossen, eine MERIAN-Ausgabe dem westlichsten österreichischen Bundesland zu widmen.

Denn Vorarlberg bietet nicht nur eine einzigartige Kombination von Bergen und Bodensee, sondern auch zahlreiche kulturelle Höhepunkte wie die Bregenzer Festspiele und das Kunsthaus oder die vielen öffentlichen und privaten Bauten überall im Land, die innovative Architektur auf höchstem Niveau in eindrucksvoller Landschaft zeigen. Aber auch Traditionelles zog unsere Reporter an: das Leben in den Walsertälern etwa oder der sanfte Tourismus im Bregenzerwald; das Skiparadies am Arlberg oder das Montafon, das schon Ernest Hemingway bezauberte.

Alle, die an diesem Vorarlberg-Heft mitgearbeitet haben, waren sich einig: Da müssen wir unbedingt wieder hin. Ich bin mir sicher, Ihnen, liebe Leser, wird es nach Lektüre dieser MERIAN-Ausgabe ebenso gehen.

Herzlich, Ihr

Andreas Hallaschka
MERIAN-Chefredakteur

FÜR MERIAN UNTERWEGS

ARTHUR F. SELBACH Der langjährige MERIAN-Fotograf genoss – trotz arbeitsreicher Tage – die Ruhe und Beschaulichkeit im Bregenzerwald. Seite 38

ANDRI POL & JENS KÜSTERS waren unsere „Walser-Männer". Der Schweizer Pol setzte das Kleinwalsertal in Szene; Küsters bereiste das Große Walsertal, die Propstei St. Gerold stand hier im Mittelpunkt seiner Arbeit. Seite 58 und 100

JAN KIRSTEN BIENER ist seit Jahren begeisterter Snowboarder. Für die Reportage über Freeride-Freaks am Arlberg ging der in Hamburg lebende freie Autor an seine fahrerischen Grenzen. Seite 90

Vorarlberg

SEITE 38

KÄSESTRASSE

Für eine Fahrt durch den Bregenzerwald braucht man keinen Proviant. An der „Käsestraße", einem Verbund von Sennereien und Gasthäusern, führt kein Weg vorbei

SEITE 50

KUNSTHAUS BREGENZ

Kein Museum, sondern Werkstatt und Galerie zugleich. Der manchmal erleuchtete, schlichte Kasten ist eine Wundertüte

MERIAN | Reise-Service ab Seite 109

Was für ein Blick! Vom Pfänder, dem Bregenzer Hausberg, reicht er weit über den schimmernden Bodensee

SEITE 70

MODERNE BAUTEN

Wer Holzhütten mit Geranienbalkonen erwartet, wird überrascht sein: Vorarlberg präsentiert sich in Sachen Architektur auf dem neuesten Stand

SEITE 28

FESTSPIELE

Die Seebühne und grandiose Bühnenbilder schaffen eine einzigartige Atmosphäre – die Bregenzer Festspiele sind das Highlight jedes Sommers

SEITE 58

KLEINWALSERTAL

Mitten in Europa: Einst kamen die Walser aus der Schweiz. Das Tal gehört zu Österreich, praktisch ist es nur von deutscher Seite aus zu erreichen

SEITE 90

SKI-PARADIES

Der Arlberg lockt jeden Winter die Freerider aus aller Welt an. Eine Reportage über die Tiefschneesucht

Seilbahnen

Hoch fahren

Das hat gesessen: Nahezu jeder Winterurlauber dürfte schon bei Doppelmayr Platz genommen haben – in 77 Ländern auf fünf Kontinenten befördern nämlich 13 500 Doppelmayr-Liftanlagen jährlich drei Milliarden Menschen. Das familiengeführte Unternehmen aus Wolfurt bei Bregenz wurde 1892 gegründet und stellte ursprünglich Aufzüge her. Der Großvater des jetzigen Firmenchefs begann das Geschäft auf die Berge auszudehnen, indem er 1937 den ersten Skilift der Welt am Arlberg installierte. Längst ist das Aufzugsgeschäft bei Doppelmayr Nebensache geworden, mit Einseil-, Mehrseil,- Pendel-, fixgeklemmten und kuppelbahren Seilbahnen hat man mehr als genug zu tun. **Zudem werden alte Liftanlagen in „Wellnessbahnen" (Foto), die aus gepolsterten und beheizbaren Achtersesselliften bestehen, umgewandelt.**

WERBUNG 1958

WERBUNG 2007

Zeitsprung

Gut werben

In den 50er Jahren durfte auf Plakaten noch Pfeife geraucht werden. Ansonsten warb Vorarlberg, damals wie heute, mit seinen offensichtlichen Vorzügen: Schnee, Pisten und der Schönheit der Natur. Der Spaß beim Skifahren an einem sonnigen Tag ist derselbe geblieben. Auch ohne Pfeife.

Stauseen

Kraft sammeln

Wasser ist der einzige „Bodenschatz" Vorarlbergs. In den Restaurants am Arlberg und im Montafon wird es als Getränk auf der Speisekarte geführt. Doch das Vorarlberger Wasser ist nicht nur zum Trinken da – es kann auch Strom erzeugen. In riesigen Speicherseen auf den Bergen, im Silvrettasee, Vermuntsee, Lünersee und **im Kopssee (Foto), wird das Regen- und Schmelzwasser aufgestaut**. Durch große Rohre fällt das Wasser auf Turbinen, die in den Kraftwerken im Tal stehen. Die Kraftwerkbetreiber, die Illwerke, beschäftigen mehr als 550 Mitarbeiter und zählen damit zu den größten Arbeitgebern im Land. 97 Prozent des in Vorarlberg erzeugten Stroms werden aus Wasserkraft gewonnen. Die Energie wird sogar exportiert, auch nach Deutschland.

Fische

Kontrolliert fangen

Rund 35 Fischarten tummeln sich im Bodensee, der Felchen (Foto), der der „Brotfisch" des Bodensees ist, ebenso wie der Flussbarsch, der hier „Egli" genannt wird, und der manchmal mehr als zwei Meter lange Wels. 150 Fischer aus den drei Anrainerstaaten werfen noch berufsmäßig ihre Netze aus. Für alle gelten die selben Vorschriften über die Fang- und Schonzeiten und die Maschenweite der Netze. Das Regelwerk hat sich seit über 100 Jahren bewährt, 1893 wurde es in der „Bregenzer Übereinkunft" festgelegt und verhindert seit dem eine Überfischung des Sees.

Dialekt **Richtig** sprechen

Der Vorarlberger ist anders. Und das hört man. Die Einheimischen sprechen **Alemannisch, einen deutschsprachigen Dialekt, zu dem auch die schweizerdeutschen und schwäbische Mundarten gehören**. Im Vorarlbergischen haben nach dem Mittelhochdeutsch diverse Lautverschiebungen nicht mehr stattgefunden. Wer diese Unterschiede kennt, kann den Dialekt recht gut verstehen. So wurde beispielsweise aus „u" kein „au", man sagt also „Hus" und nicht „Haus" oder „Mus" statt „Maus". Das „ü" wurde nicht zum „eu": Also heißt es „hüt" statt „heute" und „Lüt" für „Leute". Außerdem hört man die Vorarlberger oft „gsi" sagen, was soviel wie „gewesen" heißt: „s'isch schö gsi" heißt also wörtlich übersetzt „das ist schön gewesen". Typisch ist auch die Verkleinerungsform mit „-le" (Hüsle - Häuschen) und das meist als „sch" gesprochene „s" (isch - ist). Doch auch in dem kleinen Ländle gibt es starke regionale Unterschiede. So sagt etwa jemand aus Feldkirch „hoam" (heim), ein Walgauer „ham" und ein Montafoner „hem". Alles klar?

Der Weiße Ring **Rund** laufen

Die Schnellsten schaffen es in einer knappen Stunde. **Auf dem Weißen Ring findet das längste Skirennen der Welt statt**: 22 Kilometer und 5500 Höhenmeter müssen überwunden werden. Die spannendsten Punkte sind beim Massenstart auf dem Rüfikopf und bei der spektakulären, fünf Kilometer langen Madlochabfahrt. Seit über 50 Jahren verbinden Lifte und Pisten die Orte Lech, Zürs, Zug und Oberlech. Zum 50. Jubiläum dieser im Alpenraum einzigartigen Skirunde wurde 2006 das erste Weiße-Ring-Rennen veranstaltet. Sieger wurde der ehemalige österreichische Abfahrts-Olympiasieger Patrick Ortlieb mit einer Zeit von 45,35 Minuten.

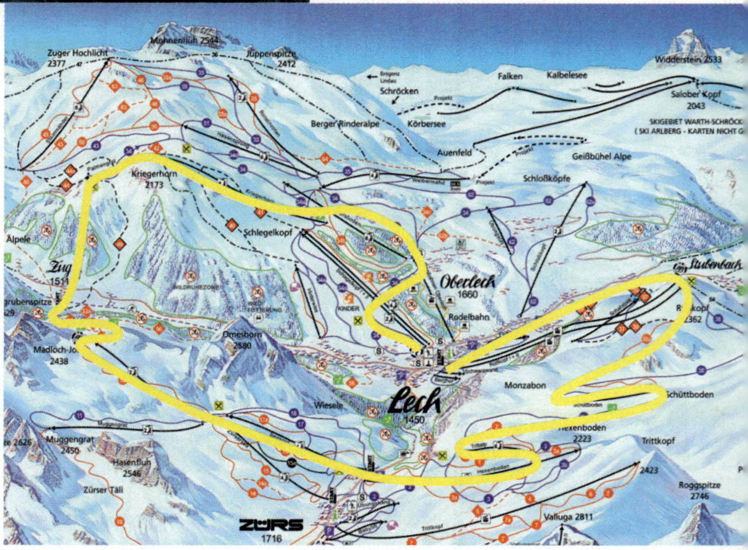

Schluchten **Unten** wandern

Links und rechts ragen Felswände meterhoch empor, überall tropft es. Gesicherte Wege und Stege ermöglichen einen Gang durch die Rappenlochschlucht bei Dornbirn, die wie eine überdimensionierte Felshalle wirkt. An das Rappenloch schließt sich die **Alplochschlucht (Foto) an. Sie wurde 1902 durch an die Felswände geklebte Stege zugänglich gemacht.** In den Wänden, an denen der Steg vorbeiführt, finden sich versteinerte Muscheln, die belegen, dass die Schlucht einst schlammiger Meeresboden war.

Schubertiade **Ruhig** zuhören

Hermann Prey gründete 1976 das Musikfestival zu Ehren von Franz Schubert. Seither findet die Schubertiade jedes Jahr in Vorarlberg statt. Mit rund 70 Veranstaltungen und mehr als 30 000 Besuchern ist sie das bedeutendste und renommierteste Schubert-Festival weltweit. Liederabende, Kammerkonzerte und Klavierabende werden ergänzt durch Orchesterkonzerte, Lesungen und Meisterkurse. Zum Stil der Schubertiade gehört auch, den intimen Charakter zu wahren: **kein Festspielrummel, sondern kleine Konzertsäle, wie etwa der Angelika-Kauffmann-Saal (Foto) in Schwarzenberg.** Ein Muss für Schubert-Liebhaber.

Motorboot **Oben** schippern

Im Sommer können Touristen in einem holländischen Grachtenboot über den Silvretta-Stausee tuckern. Doch im Oktober, wenn es langsam kalt wird in den Bergen, **wird Kapitän Stefan Schindelecker zum Fitzcarraldo und verlädt sein Motorboot auf einen Tieflader**. Mit viel Präzisionsarbeit und Geduld fährt er es die steile Hochalpenstraße hinunter ins Tal. In Tschagguns kann das Boot dann in einem Lokschuppen überwintern.

Birne Subira **Besser** trinken

Die Schnapsauswahl in Österreich ist riesig, und die Wahl fällt naturgemäß schwer. Neben dem „Fraxner Kriasi Brand" und dem „Bregenzer Grappa" sollte man aber unbedingt den „Subira" probieren. **Er wird aus der Vorarlberger Birnensorte Subira gebrannt, die zum Essen ziemlich ungeeignet ist**, was sich schon am Namen ablesen lässt: „Su" (Sau) bringt das Missfallen zum Ausdruck, das man empfindet, wenn man in die herrlich duftende „Bira" (Birne) beißt, denn im Fruchtfleisch befinden sich kleine, harte Körner. Gebrannt ist die „Subira" allerdings ganz köstlich und herrlich aromatisch. Weitere Infos zu edlen Bränden: **www.gsiberger.at**

NNER,
HEMDEN
UNG ABHOLEN.
Für alle Fälle. Der neue Honda CR-V.
Automatisch zuschaltender Allradantrieb, elektronischer Stabilitätsassistent VSA und optionales Fahrerassistenzsystem CMBS sind nur drei seiner Sicherheitsvorzüge. Testen Sie ihn bei einer Probefahrt oder unter
www.honda-crv.de

Alleskönner

Ob Bodensee oder hochalpine Landschaften – Vorarlberg hat's. Ob weitläufiges Rheindelta oder enge grüne Täler – Vorarlberg hat's. Ob junge Architektur oder lebendige Kultur – Vorarlberg hat wirklich alles. Was für ein Glück für die Vorarlberger – und für uns Urlauber

Österreichs kleines Kronjuwel

Foto: Jens Küsters

Feingemacht: Mit Stolz und Anmut trägt die kleine Leonie Heckmann aus Fontanella im Großen Walsertal ihre Tracht. Kein alltägliches Bild, aber an kirchlichen Feiertagen in Vorarlberg auch heute noch üblich

Gipfel-Fahrt

Im Montafon sind die Berge höher, die Täler schmaler und die Straßen kurviger als anderswo. Eine Fahrt auf der Silvretta-Hochalpenstraße, die sich am Vermunt-Stausee vorbeischlängelt, ist ein aufregendes Erlebnis. Belohnt werden kurvensichere Automobilisten mit phantastischen Ausblicken

Foto: Helmut Häusle

Seen-Sucht **Wasser ist der größte Schatz Vorarlbergs.**
Wasserkraftwerke wie am Silvretta-Stausee (rechts) garantieren die Energieversorgung, aber natürlich sind der Bodensee (links) und die blau-grünen Perlen in der Berglandschaft auch Traumziele für Erholungsuchende

Fotos: Arthur F. Selbach

Foto: Arthur F. Selbach

Abend-Stimmung **Gemütlich ist es in Feldkirch.** In der Marktgasse mit den gepflegten Fassaden brodelt aber an manchen Tagen das Leben: Im Sommer ziehen Gastgärten und Straßencafés die Menschen an, in der Adventszeit der wohl schönste Weihnachtsmarkt Vorarlbergs

Höhen-Luft **Der „Alte Hof"** liegt direkt an den steil abfallenden Felsen vor dem Alpkopf (1788 m). Viele solcher „Alpen" werden noch bewirtschaftet und nehmen Sommergäste auf; auch Johanna, Stefanie und Bianca verbringen ihre Ferien auf einer Alpe – Höhenluft macht gute Laune

tho(li.), Arthur F. Selbach (re.)

Schnee-Paradies **Zwei Snowboarder stapfen den Arlberg hinauf.** Wer abseits der gespurten Pisten fahren will, braucht neben Mut und Können auch Kondition. Speziell die Arlberg-Region zieht Freerider aus aller Welt an

Foto: Richard Walch

Licht-Gestalten gibt es in Bregenz viele.

Wenn Michael Craig-Martin mit seiner überdimensionalen Glühbirne das Kunsthaus illuminiert, ist das ebenso erhellend wie das sportliche Mädchen, das mit „Juhuu“ ins türkis strahlende Wasser des Bodensees springt

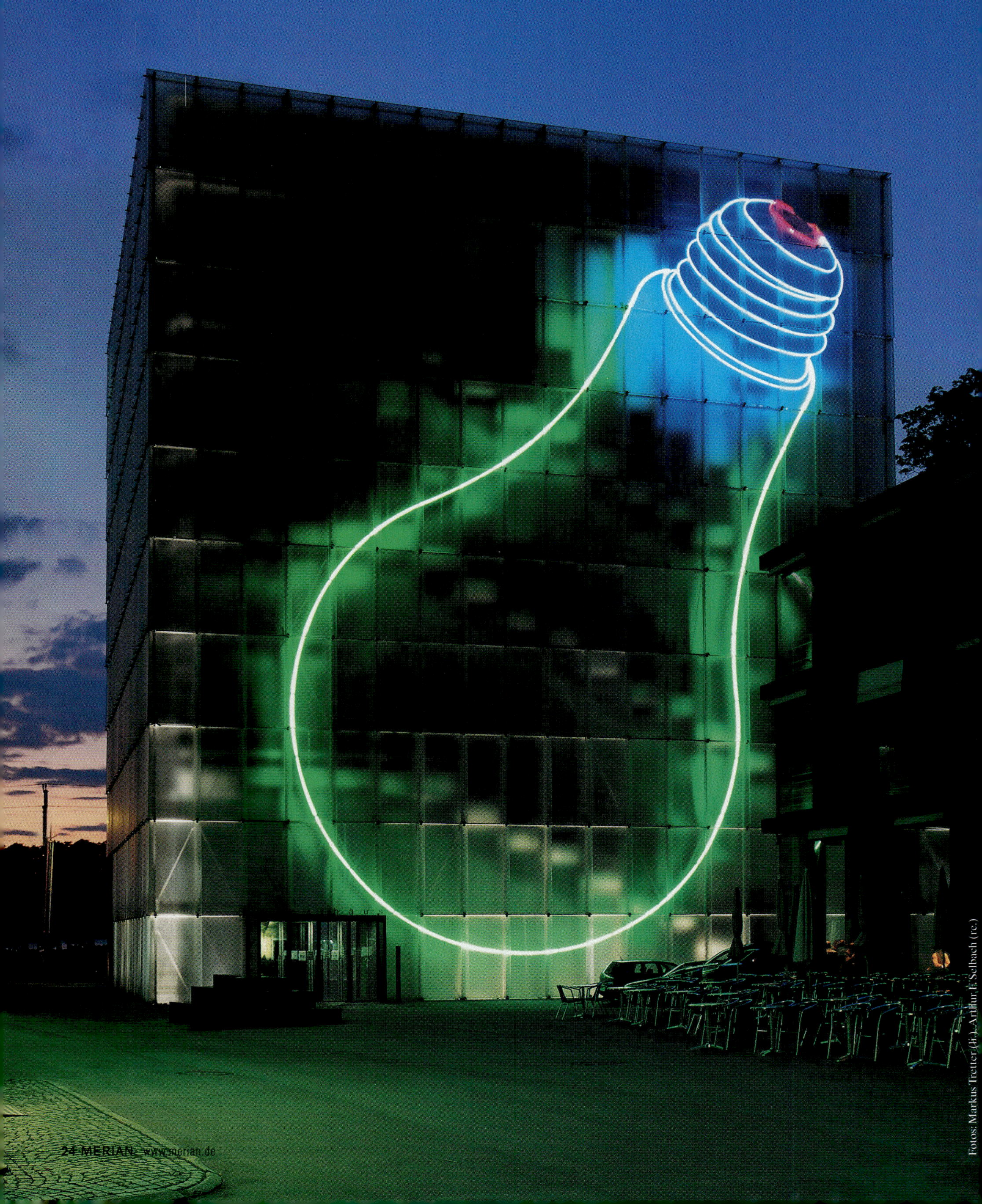

Fotos: Markus Tretter (li.), Arthur F. Selbach (re.)

Hinausschwimmen
auf eigene Gefahr!

Vom »suber

Auf Distanz legen die Vorarlberger großen Wert. Sicher, sie sind Österreicher, aber wichtiger ist ihnen, dass in ihrem Land vieles ganz anders läuft als im Rest der Republik

Text: Alfons J. Kopf

„Was Gott durch den Berg getrennt hat, das soll der Mensch nicht durch ein Loch verbinden." Das war im Land vor dem Arlberg zu hören, als anno 1880 der Bau des Eisenbahntunnels begann, der Vorarlberg seit 1884 mit dem großen Rest von Österreich verbindet. Selbst der lange später geplante Straßentunnel durch den Arlberg, 1978 eröffnet, führte noch zu ähnlichen Kommentaren im kleinen Ländle.

Besonders weit weg von der Bundeshauptstadt Wien gab und gibt man sich selbstbewusst und hält sich für so ganz anders im Denken und Handeln als die „Restösterreicher“, also alle anderen in der Alpenrepublik.

Zur Zeit des Bahntunnelbaus wurden noch 55 Prozent der Bevölkerung im kargen Land dem Bauernstand zugerechnet, und um zu überleben, zogen schon viel früher zahlreiche Vorarlberger in die Fremde – die einen im Herbst zum Krauthobeln, andere als gefragte Baumeister und Handwerker. Prachtvolle Kirchen und Klöster in der Schweiz und in Süddeutschland zeugen heute noch von den Fähigkeiten der Wanderarbeiter aus Vorarlberg.

Kinderreiche Familien mussten einst gar ihre jungen Söhne in die Fremde ziehen lassen, wenn daheim das Brot knapp wurde. Schon Siebenjährige verdingten sich als billige Knechte bei schwäbischen Großbauern – bis zum Ende des Ersten Weltkrieges. „Wenn du nicht zufrieden bist, dann schickt man dich ins Schwabenland zum Sauenhüten“, hieß es noch in meiner Jugendzeit, wenn keine andere Ermahnung fruchten wollte. Inzwischen hat sich das Ländle stark gewandelt und ist zum Exportweltmeister geworden – rund 80 Prozent der von der hiesigen Industrie erzeugten Waren gehen ins Ausland. Und obwohl der Anteil der bäuerlichen Bevölkerung auf gerade noch 1,7 Prozent geschrumpft ist – das Bauernland wird bewirtschaftet, rund 550 Alpen sind bestoßen, werden also noch genutzt. Nach wie vor sind nicht wenige Vorarlberger Bauernfamilien Halbnomaden, sie ziehen im Frühjahr vom Talboden aufs Vorsäß, so um die 1000 Höhenmeter hoch, und im Sommer auf die Alpe, noch einmal an die 1000 Meter höher. Es ist nicht die schiere Lust am ständigen Übersiedeln, die Bauern dazu bringt, es fehlt im Tal schlicht an Heuwiesen. Ist aber das Vieh monatelang auf den Weiden im Gebirge, so kann das Gras im Tal zu Heu trocknen und dient als Winterfutter.

So pflegt das Vieh die Berghänge, zur Freude der Einheimischen und Gäste. Zudem bürgt saftiges Gras für beste Qualität von Milch und Fleisch. Das wissen immer mehr heimische Gastronomen zu schätzen, und der Gast bezahlt gerne gut dafür. Nichts da mit Billigangeboten und Massenware – auf der Speisenkarte in vielen Gasthöfen und Hotels im Land ist vermerkt, in welchem Stall das Rind für den Braten stand und von welcher Alpe der Bergkäse stammt. Wohl anzunehmen, dass etliche der 46 mit Gault-Millau-Hauben ausgezeichneten Restaurants (bei insgesamt 96 Vorarlberger Gemeinden!) ihre ausgezeichnete Benotung auf die Qualität der regionalen Zutaten zum Menü zurückführen können.

„Suber“, also sauber, ist nach der festen Überzeugung der Vorarlberger ihr Ländle, auf Reinlichkeit wird hierzulande auch sehr geachtet, ob bei der Reinigungsaktion am Ufer des Bodensees, der „Seeputzate“, oder in höheren Regionen bei der „Bergputzate“.

Weil in diesem Landstrich Alemannen daheim sind, schwätzen sie auch leicht anders als der große Rest von Österreich. Das „suber“ verweist darauf: Der Dialekt der Alemannen hat eine Lautverschiebung verschlafen. Und so macht

en« Ländle

die Geschichte vom Germanisten aus Japan die Runde. Er besucht den gräflichen Palast in Hohenems, wo zwei der Handschriften des Nibelungenliedes aufgefunden worden sind. Beim Weg zum Palast unterhalten sich seine Vorarlberger Begleiter in Mundart, worauf der Japaner bass erstaunt fragt: „Sprechen Sie Mittelhochdeutsch?“ Lange Zeit waren im kleinen Ländle an der Grenze zur Schweiz, zu Liechtenstein und Bayern fremde Einflüsse verpönt, und die Regierenden versuchten, Vorarlberg abzuschotten vor verderblichen Neuheiten, es auch geistig „suber“ zu halten. Das musste 1962 der Kapitän eines Bodenseedampfers schmerzlich zur Kenntnis nehmen. Er wagte es, während einer Tanzausfahrt auf seinem Schiff selbst Twist zu tanzen. Diese Methode der Körperverrenkung verstieß aber nach Ansicht der Behörden gegen die Schicklichkeit und war deshalb verboten, der Käpt'n wurde umgehend vom Dienst suspendiert.

Heimische Tanztempel sind inzwischen übervoll, und niemand fragt mehr nach einem Verbot. Selbst die gestrenge Filmzensur ist in Vorarlberg längst abgeschafft. Ihr fielen einst Ingmar Bergmans „Schweigen“ ebenso zum Opfer wie dümmliche Sexfilmchen – sehr zur Freude von Filmtheaterbetreibern jenseits der Grenze im deutschen Lindau, wo man sich nicht so sittenstreng gab.

Die Vorarlberger feiern gern und ausgelassen: Im Sommer sorgen zahlreiche Vereine mit ihren Zeltfesten für Abwechslung im Veranstaltungsangebot, auch der Winter hat im Ländle seinen Reiz über das umfangreiche Wintersportangebot hinaus. Hier wird nicht Karneval gefeiert, sondern Fasching, und kaum ein Dorf, das auf buntes Maskentreiben verzichten möchte.

Nach Aschermittwoch folgt der traditionelle Funkensonntag, bei dem kunstvoll viele Meter hoch aufgeschichtete Scheite in Flammen aufgehen. Der Brauch ist wohl ein heidnisches Erbe, das Feuer sollte dem Winter den Garaus machen, und weil der gestrenge Winter durch eine Hexe symbolisiert wird, regte sich vor Jahren Widerstand von Frauenrechtlerinnen. Dem wusste manche Funkenzunft pragmatisch abzuhelfen: Anstelle der einsamen Hexe steht jetzt eben ein Hexenpaar hoch oben am Funken und explodiert pflichtgemäß.

„Es ist ein Glück für unser Land, dass es den Fremdenverkehr gibt.“ So steht es in einem amtlichen Werk zu lesen, das einst die Vorarlberger Jugendlichen bei Erreichen der Volljährigkeit erhielten. Der Autor vergisst aber auch nicht, auf die Gefahren des Tourismus hinzuweisen: „Brauchtum, Sitte und auch Glauben sind Krisen ausgesetzt.“ Und er zitiert ein Kind aus dem Bregenzerwald, einer beliebten Tourismusregion. Auf die Frage, was er denn später einmal werden wolle, antwortet der Bub: „Ein Fremder!“ Denn Fremde, so der Bub weiter, haben es in seiner Heimat immer gut. Der Junge aus dem Bregenzerwald hat Recht, Gäste werden verwöhnt zwischen Bodensee und dem 3312 Meter hohen Piz Buin. Sie können bei der Fahrt mit dem historischen Raddampfer über den Bodensee den Sonnenuntergang bestaunen und danach die Seeaufführung der Bregenzer Festspiele besuchen. Sie genießen ein Überraschungsmenü in einer alten gedeckten Holzbrücke, die fröhliche Rodelpartie in einem der Wintersportzentren oder die Wanderung auf 2500 Meter Höhe samt anschließendem Hüttenzauber.

Was aber beeindruckt die Besucher ganz besonders in Vorarlberg? Eine Antwort auf diese Frage gibt es im Silbertal, einer Talschaft, in der sich noch Stollen mittelalterlicher Silberbergwerke finden. Zimmervermieterinnen berichten von der Begeisterung ihrer Gäste bei Bergwanderungen. Und vom großen Staunen, wenn die ortskundige Begleiterin an einem der kühlen Gebirgsbäche Halt macht und mit der hohlen Hand Wasser zum Trinken schöpft. Wasser trinken, ganz ohne chemische Aufbereitung, einfach aus der Natur? Es sind halt die kleinen, unerwarteten Überraschungen, die Vorarlberg liebenswert machen und den Ruf vom „suberen Ländle“ bestätigen. □

Alfons J. Kopf, *Jahrgang 1951, lebt als freier Autor in Fußach am Bodensee. Vorarlberg ist seine Heimat und immer wieder Thema seiner Texte.*

Der Tod blättert im Buch des Lebens, König Gustav wird am Ende vom Knochenmann persönlich abgeräumt. Verdis „Maskenball", einst ein Skandal, dann ein Triumph, fand 1999 einen gnädigen Himmel

Bregenzer Wasserspiele

Aus der Not geboren und ins Blaue geplant, sind die Festspiele auf

Text: Emanuel Eckardt

Foto: Richard Hörmann

dem Bodensee heute ein Publikumsmagnet. Wenn das Wetter mitspielt

Puccinis „La Bohème“ (oben) ist die Geschichte von vier Künstlern, von ihrer Liebe und von Mimis elendem Tod. Eine Tragödie, deren Verlauf man zwischen zwei Zigaretten erzählen kann. Wenn man Streichhölzer hat. Beethovens „Fidelio“ (unten) war 1995 zum Jubiläum der 50. Festspiele eine viel diskutierte Interpretation: Gewalt und Bosheit als Eigenschaften des isolierten Individuums

Welten auf den Wellen

„Man kann nicht gegen den Bodensee inszenieren“, sagt Intendant Pountney

Instabilität sei das New Yorker Grundgefühl, meint der Bühnenbildner George Tsypin. Einstürzende Wolkenkratzer gaben bei der „West Side Story“ 2003 (oben) den Hintergrund für Gangs, die im Kampf nach Liebe suchen. In der „Fidelio“-Inszenierung 1995 (unten) gelang es David Pountney, neben alles Apokalyptische den Alltag zu setzen und beide Welten auf die Bühne zu bringen

Ein See im Rampenlicht

Wenn die Sonne sinkt, bekommt der Beleuchter harte Konkurrenz

Foto: Karl Forster

Liebe, Lust und Leidenschaft unter den Dächern von Paris. Puccinis „La Bohème" lief 2001/02 auf dem größten Bistrotischchen der Welt

Insgeheim sind sie Schweizer, die Vorarlberger. Man sieht es an ihrer Akkuratesse, man hört es an den Rachenlauten ihrer eigenartigen Mundart, und einmal, 1919, nach dem Untergang der k. u. k. Donaumonarchie, wurde es aller Welt offenbar, als 80 Prozent der Vorarlberger in einer Volksabstimmung dafür votierten, ein Kanton der Schweiz zu werden.

Wer möchte das nicht? Aber die Schweiz tut sich schwer mit Einbürgerungen und ist, abgesehen von der auffallenden Präsenz im Vatikan, eine geschlossene Veranstaltung. Die Eidgenossen lehnten den Antrag ab, so entging der Schweiz eines der schönsten Opernspektakel der Welt, die Bregenzer Festspiele. Aber das konnten die Schweizer damals noch nicht ahnen, denn das Festival am Bodensee wurde erst 1946 erfunden.

Ein „Tausendjähriges Reich" war untergegangen, Zeit für einen Neuanfang. Auf dem Bodensee lagen zwei Kieskähne. Mit etwas Phantasie ließ sich der eine in eine Opernbühne verwandeln, auf den anderen passte das Orchester, und so wurde Mozarts Jugendwerk „Bastien und Bastienne" aufgeführt. Auch die Wiener Symphoniker gaben ein Konzert, in der Sporthalle, ein Jahr darauf waren sie bereits das Festspielorchester, und daran hat sich bis heute nichts geändert.

Die Bregenzer Festspiele starteten ins Blaue, mit viel Operettenseligkeit und Gastspielen des Burgtheaters unter freiem Himmel. Eine Bühneninsel wurde gebaut und 1980 ein Festspiel- und Kongresshaus, danach fanden die Festspiele ihre heutige Form, seit 1985 wird jede Inszenierung zwei Sommer lang gespielt. Wieder machte Mozart den Anfang, diesmal die „Zauberflöte".

Alles, was Rang und Namen hat, hat die größte Seebühne der Welt bevölkert: Wagners „Fliegender Holländer", Bizets „Carmen", Beethovens „Fidelio". Verdi kam mit „Nabucco", „Ein Maskenball" und dem „Troubadour" zum Zuge, Puccini mit „La Bohème" und „Tosca" (2007).

Spektakuläre Bühnenbilder kontrastieren mit dem sanften Naturschauspiel. Die Bilder vom „Maskenball" gingen um die Welt, das haushohe Buch des Lebens, das riesenhafte Skelett am Bühnenrand, der Tod, der abwartend zuschaut und zum Schluss den König mit der Hand von der Bühne wischt. Beim „Troubadour" ragten die roten Türme einer Ölraffinerie ins milde Licht des Bodensees, angestrahlt von vierhundert Scheinwerfern, ein Industrierevier mit fauchenden Feuern als Bühnenspektakel. Bei einer „Fidelio"-Aufführung mischte sich das Bühnenfeuerwerk mit den Blitzen eines heraufziehenden Gewitters; ein spannungsgeladener Abend, die Künstler standen unter Strom und im Publikum schien es zu knistern. Donnernder Applaus.

„Es ist für uns immer eine bange Frage, ob wir eine Veranstaltung wegen schlechten Wetters absagen müssen." Franz Salzmann, kaufmännischer Direktor, 1942 geboren in Bregenz, hat an der Hochschule für Welthandel in Wien studiert, bevor er in seiner Heimatstadt sein meteorologisch anfälliges Amt antrat. „Ich erinnere mich noch an den Anruf von Rolando Villazón, der 2001 am Anfang seiner Karriere stand und den Rodolfo in ‚La Bohème' singen sollte. Er hatte im Autoradio von dem heraufziehenden Unwetter gehört und flehte uns an, nicht abzusagen, weil seine Eltern extra aus Mexiko angereist seien, um ihn zu hören." Das Wetter hatte glücklicherweise ein Einsehen.

Auch der „Fliegende Holländer" wurde zum Naturschauspiel. Es war 1989 die erste Inszenierung von David Pountney, 1947 in Oxford geboren. Seit 2004 ist er als Intendant Nachfolger von Alfred Wopmann, der mehr als 20 Jahre die Festspiele geleitet hatte. „Ich dachte mir, ein echtes Schiff als Büh-

Die Bühne als Boot

Wenn die Bühne schwankt, ist der Untergang nicht weit

Wo ist mein Haus?, fragte Porgy entsetzt, als er 1997 die Bühne zu „Porgy and Bess" sah

Bild: DZT H. P. Merten

nenbild funktioniert nur, wenn auch der Sturm echt ist. Aber der See ist im August meist sehr friedlich. Man kann nicht gegen den Bodensee inszenieren." Also hat Pountney schiffsartige Elemente verwendet, ein Tränenreich für Senta geschaffen und eine Insel für Erik den Jäger. Dort haben Enten ein Nest gebaut und Junge großgezogen. Sie haben sich durch den Opernbetrieb nicht stören lassen.

Als größter Publikumserfolg erwies sich ein Musical, das einzige, das je auf der Seebühne gespielt wurde: Leonard Bernsteins „West Side Story" (2003/2004). Sie ging 1981 schon einmal über die Bühne. Die Neuinszenierung durch die Amerikanerin Francesca Zambello brachte das größte Casting der Festspielgeschichte. In München, Hamburg und London suchte das Team aus über tausend Bewerbern die besten Sänger und Tänzer für die New Yorker Jugendbanden.

Die Ausstrahlung der Festspiele ist global, Bregenz zählt zu den ersten Adressen unter den Opernfestivals der Welt. Zur Inszenierung der „West Side Story" kam die Tochter Bernsteins, bei „Porgy and Bess" reiste 1997 die Familie Gershwin an. Dabei wäre die Produktion fast ins Wasser gefallen.

Die Oper wurde nur mit schwarzen Sängern besetzt, Bühnenbildner Hans Schavernoch und der Regisseur Götz Friedrich hielten es für eine geniale Idee, erschreckend realistische Slums unter einer abgebrochenen Autobahnbrücke als Bühne zu bauen. Als die Sänger sich zum ersten Mal dem Bühnenbild gegenübersahen, reagierten sie schockiert. „Where is my house?", fragte Porgy entsetzt. Die Afroamerikaner fanden es diskriminierend, dass sie in Europa vor Opernpublikum in einem Slum auftreten sollten. Sie weigerten sich, zu singen. Schließlich endete der Streik wie jeder andere auch: Es gab mehr Geld.

„Man muss nicht verrückt sein, um hier zu arbeiten, aber es hilft ungemein", steht auf einem Schild an der Wand der Unterbühne, in der vor nicht allzu langer Zeit das Orchester schmachtete. Und, wenn die Mikrofone abgeschaltet waren, fluchte. In der Orchesterwanne, fünfzig Zentimeter unter dem Wasserspiegel, war die Luft so feucht, dass die wertvollen Instrumente Schaden nahmen.

Das Problem ist gelöst. 2006 wurde das neue Festspielhaus eröffnet, ein genialer Überbau der Vorarlberger Architekten Helmut Dietrich und Much Untertrifaller, die das Festspielhaus von Grund auf sanierten, erweiterten und modernisierten. Heraus kam ein intelligenter und schöner Zweckbau, transparent und von großformatiger Eleganz, der die funktionell verkorkste Situation durch klare Riegel und Linien neu erschloss, selten genug, dass so etwas gelingt.

Der Große Saal wurde vollkommen neu gestaltet, nebenan gibt es schon seit der ersten Bauphase eine Werkstattbühne in den Proportionen der Seebühne. Ein weiterer Saal, das Seestudio, bietet einen Schwingboden, ideal für Ballettproben wie für Champagnerpartys. In der neu gestalteten VIP-Lounge lässt sich das Ereignis überdacht verfolgen, die Fenster fahren hoch.

Das Orchester spielt jetzt, mit trockenen Instrumenten, in einem Konzertsaal mit fabelhafter Akustik, und es stört niemanden, dass es mitsamt dem Dirigenten ein paar hundert Meter von den Sängern auf der Seebühne entfernt ist. Die fast 7000 Zuschauer spüren davon nichts, ihre Sinne werden getäuscht, sie befinden sich unter freien Himmel und genießen die Illusion, in einem Konzertsaal auf einem der besten Plätze zu sitzen, jeder Seufzer, jeder Atemzug eines Sängers ist zu hören. Der Zusammenklang von Orchester und menschlicher Stimme wirkt perfekt und irritierend nah, zumal der Künstler auf der Bühneninsel mindestens einen Häuserblock weit entfernt ist.

Das Klangfülle ist elektroakustisch aufgemischt, die Zuschauer hören eine Konserve in Echtzeit. 200 Lautsprecher säumen die Sitzreihen wie ein übergroßes Dolby-Surround-System, die perfekte Illusion eines Konzertsaales. Das System nennt sich BOA (Bregenz Open Acoustics) und basiert auf einem Patent aus der DDR, das vom Fraunhofer-Institut für Digitale Medientechnologie gemeinsam mit den Festspielen weiterentwickelt wurde.

Dass die Musik nicht vom Band kommt, sondern die Wiener Symphoniker jeden Ton live erzeugen, wird auf zwei großen Bildschirmen dokumentiert. Wenn der Klarinettist mit einem Solo dran ist, wird er gefilmt, singen die Geigen, fährt die Kamera ins Tutto der Streicher, wo gibt es das sonst: große Oper live und Fernsehabend in einem. Auch der Dirigent rudert im Off. Das Publikum hat ihn dann und wann auf dem Schirm, die Sänger haben ihn ständig vor Augen. Wo immer sie sich in den Weiten der Bühne verlaufen, sehen sie ihn auf verborgenen Monitoren in Großaufnahme.

Für die Sänger schafft BOA freies Feld, sie müssen nicht über das Orchester hinwegsingen. Allerdings verstärken die Mikrofone auch gnadenlos die Schwächen einer Stimme. Und damit sie nicht zu sehr strapaziert wird, gibt es für jede Rolle bei den Solisten drei Besetzungen. Kein Sänger der Welt kann 26 Vorstellungen hintereinander singen, ohne Schaden zu nehmen. Helden und Primadonnen müssen topfit sein, denn sie haben große Strecken und auch Höhenunterschiede zu bewältigen. Und sie müssen schwimmen können, falls mal einer ins Wasser fällt. Beim „Maskenball" ist es tatsächlich passiert, allerdings nur bei einer Probe.

Bei schlechtem Wetter wird die Veranstaltung in den Großen Saal verlegt, der jedoch nur 1700 Plätze hat und nur die halbe Bühne. Es wird also immer eine Schlechtwetterversion einstudiert,

MERIAN | INFO

DIE BREGENZER FESTSPIELE
Gesellschafterin der Bregenzer Festspiele GmbH ist eine Stiftung. Stifter sind der Verein der Freunde der Bregenzer Festspiele, die Republik Österreich, das Land Vorarlberg und die Stadt Bregenz. 350 000 bis 380 000 Menschen sehen in jeweils zwei Jahren eine Produktion. 60 Prozent der Besucher kommen aus Deutschland, 25 Prozent aus Österreich und 10 Prozent aus der Schweiz.
Ticket-Hotline:
Tel. 00 43 55 74 40 76
Fax 00 43 55 74 40 74 00
Bregenzer Festspiele GmbH
Ticketcenter:
Postfach 311
6900 Bregenz/Österreich
ticket@bregenzerfestspiele.com
www.bregenzerfestspiele.com

Rache, Mord und Zerstörung sind Themen des „Troubadour". Fauchende Schlote beleuchten Verdis Drama

Eine kurze Ewigkeit

Die Bühnenbilder halten Wind und Wetter stand. Und müssen doch nach zwei Jahren weichen

ein – naturgemäß sparsames – Bühnenbild für den Saal gebaut, für den Fall der Fälle, der aber nicht unbedingt eintreten muss. Nicht verwandte Bühnenbilder sind für Salzmann „die besten Ladenhüter aller Zeiten".

In glücklichen Jahren musste keine einzige Vorstellung in den Saal verlegt werden, in weniger glücklichen zwei oder drei. Die „West Side Story" wurde zweimal abgesagt, der „Fliegende Holländer" auch. Die Zuschauer standen im Regen. 5300 bekamen damals Ersatzkarten für einen späteren Termin, wer Tickets mit Schlechtwetteroption hatte, durfte hinein.

Die Bregenzer Festspiele sind ein Publikumserfolg ohne Vergleich. „Wir haben nicht die klassische Klientel wie in Salzburg", betont Salzmann, „wir sind nicht elitär. Wir haben in einer Spielzeit von 23 bis 28 Tagen weit mehr Besucher als Münchens Opernfestspiele und mindestens dreimal so viele wie Bayreuth."

„Wir wollen keine Touristenfalle sein, sondern populär, innovativ und modern", benennt David Pountney, in prägnanter Kürze, die drei Komponenten der Bregenzer Festspiele: Neben dem Spiel auf dem See läuft seit 1980 ein zweites Programm, das auch anspruchsvolle Opernraritäten ins Festspielhaus bringt wie die „Griechische Passion" und „Julietta" von Bohuslav Martinů oder Leoš Janáčeks Oper „Das schlaue Füchslein". Aufsehen erregte Claude Debussys Fragment „Untergang des Hauses Usher" nach Edgar Allan Poe in enger Verbindung mit zwei Ballettstücken Debussys. Auch Thomas Mann kommt zu Ehren, der „Tod in Venedig", die letzte Oper des britischen Komponisten Benjamin Britten (Sommer 2007). Im selben Jahr widmet sich Bregenz einem Thema, das in der Opernwelt eher im Abseits stand: dem Fußball. „Playing Away" heißt das Werk des englischen Komponisten Benedict Mason. Für solche Projekte haben die Festspiele seit 1997 ihr drittes Programm, die Werkstattbühne, ein höchst lebendiges Experimentierfeld für Uraufführungen mit dem Titel „Kunst aus der Zeit".

„Wir wollen nicht die Moderne als Ghetto für intellektuelle Zirkel", betont Pountney, „sondern lustvoll und spielerisch, wie eine Produktion der Berliner Schauspieltruppe Nico and the Navigators über das Glück oder der Auftritt von Franui, einer quasi modernen Volksband aus Tirol. Dazu gehört auch das Jugendprogramm cross culture." Als Publikumshit dürfte sich das vierte Programm entwickeln, das die Festspiele seit 2004 im Angebot haben, die Operette im Kornmarkttheater.

Im Winter wird die Seebühne abgebaut. Das Betonfundament bleibt. Im Frühjahr wächst die nächste Kreation in den Himmel, bis zu dreißig Meter über den Wasserspiegel. Weil die hochragende Bühnenkonstruktion auch starken Föhnstürmen standhalten muss, ist sie ein grundsolides Bauwerk, fest verankert, sturmfest und flutgeschützt. „Wir bauen für die Ewigkeit", versichert Direktor Salzmann, „und in zwei Jahren reißen wir alles wieder ab."

Im Sommer kommen wieder die Opernfreunde, darunter viele tausend Schweizer. Für sie ist es eine Auslandsreise. Sie wollten es nicht anders. □

Emanuel Eckardt, *früherer* MERIAN-*Chefredakteur, besucht die Festspiele wenn möglich in jeder Saison.*

„'s Wälderbähnle" wird die Bregenzerwaldbahn fast zärtlich genannt. Auf schmaler Spur legt sie die sechs Kilometer lange Strecke zwischen Bezau und Schwarzenberg zurück. Heute Touristenattraktion, waren die Züge zwischen 1902 und 1983 wichtiges Transportmittel in der schwer zugänglichen Region

Zurück in die ZUKUNFT

Im Bregenzerwald scheint es mancherorts, als sei die Zeit stehengeblieben. Aber die „Wälder“, wie sich die Einheimischen nennen, sind nicht von gestern. Getreu ihrem Motto: „Wir ehren das Alte, wir grüßen das Neu’ und bleiben uns selbst und der Heimat treu“

Fotos: Arthur F. Selbach

Nur der HIMMEL ist die Grenze

Gipfelglück: Rund fünf Stunden ist der Wanderer von Schoppernau (850 m) aus unterwegs, bis er auf dem Diedamskopf (2090 m) steht. Der höchste Punkt im Bregenzerwald ist aber auch bequem mit der Seilbahn zu erreichen – das Panorama ist dasselbe

Berg und Tal bieten Erholung für Leib und Seele, ob beim Blick auf die idyllische Tobleralpe (1), einem kühlen Bad in der Bregenzerach (2), auf der Fahrt in der kleinen Gondel von Bezau zur Bergstation Baumgarten (3) oder nach der Wanderung von Au-Argenau zur rustikalen Bergkristallhütte bei einer zünftigen Wasserschlacht an der Tränke (4)

„Wir sind Wälder, keine HINTERWÄLDLER!“

Beim Almabtrieb herrscht Feststimmung. Kein Wunder, schließlich treffen Landwirtschaft und Tourismus dabei zusammen. Wie hier, nahe dem Ort Au, ziehen Rinder und Bauern gleichermaßen herausgeputzt abwärts, unter freudiger Anteilnahme von Einheimischen und Urlaubern

1

2

Wer sich aufmacht, das Land zu erkunden, ob beim Wandern auf der Steffisalpe (1) oder bei der Fahrt mit dem Wälderbähnle (3), darf auch mal Pause machen. Einfache Leckerbissen wie Palatschinken werden auf jeder Hütte serviert (2), mehrgängige Schlemmereien gibt's in traditionellen Gasthöfen wie dem „Hirschen" in Schwarzenberg (4)

3

4

Im äußersten Osten des Bregenzerwaldes führt die Passstraße über den 1676 Meter hohen Hochtannenbergpass. Unterwegs bieten sich atemberaubende Ausblicke

Alles noch wie damals in Damüls: In den Sommermonaten sind die Bergwiesen am Uga beliebtes Ziel für Familienausflüge. Nur im Winter, wenn sich hier Skifahrer und Snowboarder austoben, zählt Tempo statt Beschaulichkeit

Handgemacht: Auf der Brendleralpe hilft die Sennertochter selbstverständlich beim Käseschneiden

Alle Macht dem KÄSE!

Wie ein sozialistisch anmutendes Genossenschaftsmodell die Kleinbauern eint, Erfolge feiert und dabei noch die Natur schont

Text: Gerhard Fitzthum

Wie wohltuend: Schon auf der ersten Anhöhe des Vorderwalds führen unbegradigte Sträßchen durch ein Voralpenland der kleinen Dörfer und Wiesen. Nur die Kuppen und Taleinschnitte sind bewaldet, links und rechts eingezäunte Weiden und blumenreiche Mäh- und Streuobstwiesen. Dazwischen stehen immer wieder bildschöne Einzelhöfe, farbenfrohe Bildstöcke und stolze Kapellen. Keine Großbetriebe mit Riesenställen und Silotürmen, keine wuchernden Ferienhaussiedlungen und Bettenburgen im alpinen Heimatstil, nicht einmal Ampeln gibt es in diesem landschaftlichen Gesamtkunstwerk, das bald den Titel „Welterbe“ tragen könnte. Entsprechende Anträge liegen zur Zeit im Pariser Büro der Unesco.

Und dann die typischen holzgeschindelten Höfe: Fast überall dampft ein Misthaufen auf dem Hof, tollen Kälbchen durchs Gatter, dringt der Duft frischen Heus aus weit geöffneten Scheunentoren. 1100 Bauernfamilien gibt es laut amtlicher Statistik im Bregenzerwald, fast jede zweite betreibt Landwirtschaft sogar im Vollerwerb, und auf nicht weniger als 90 Sennalmen wird im Sommer Käse gemacht.

Wie bedeutend die Landwirtschaft zwischen Rhein und Arlberg ist, zeigt sich auch daran, dass man in fast jeder der 22 Gemeinden eine kleine Genossenschaftssennerei findet. Eine der erfolgreichsten steht im Hinterwälder Schoppernau. Günther Muxel verarbeitet hier täglich die Milch von den drei Dutzend Bauern des Dorfes und der Nachbargemeinde Schröcken zu leckerem Bergkäse. Ganz in Weiß ist er gekleidet, mit klobigen Gummistiefeln an den Beinen und einer zarten Stoffhaube auf dem Kopf.

„Obwohl Gebäude und Gerätschaften ganz neu sind, verarbeiten wir den Käse im Prinzip wie vor Jahrhunderten“, sagt er, während er mit der elektrischen Käseharfe den so genannten Bruch, den Käseteig, zerschneidet. Verschärfte Hygienegesetze erforderten den Umzug von der alten Sennerei in die neue, blitzblanke Genossenschafts-Produktionsstätte. Stand der Kunde früher schon beim Betreten des Verkaufsraums mitten in der Sennerei, muss er jetzt die Arbeitsgänge durch große Fenster verfolgen. Spannend wird es gegen zehn Uhr vormittags. Dann pumpt Muxel den gallertartigen Käsebruch in die bereitstehenden Plastikformen und verschließt das Ganze mit einem Deckel. Per Knopfdruck lässt er das stählerne Presskreuz niederfahren, und man sieht, wie durch die in den Boden eingelegten Metallsiebe die Molke herauszutropfen beginnt.

Nach dem gleichen Prinzip wie vor Jahrhunderten wird im Bregenzerwald, hier auf der Brendleralpe, Käse hergestellt

„Es ist auch dieses Authentische, wo die Gäste zum Kauf anregt", erklärt Muxel im landestypischen Idiom. Den Verkauf anzukurbeln, sei heute wichtiger denn je. Weil die Milchpreise fallen, versuchen die Landwirte ihre Einbußen auszugleichen, indem sie mehr liefern. Aber noch mehr Käse muss erstmal verkauft werden. Trotzdem, sagt Muxel, sei die Stimmung lange nicht mehr so gut gewesen wie in den letzten Jahren. Betriebsstilllegungen gebe es praktisch keine, die meisten Bauern seien heute zwischen 25 und 40 Jahre jung und Zukunftsangst habe kaum einer. Schließlich verdiene man im touristisch erfolgreichen Hinterwald auch noch mit Ferienzimmern ein Zubrot.

Dass die Bregenzerwälder vom alpenweit grassierenden Höfesterben weitgehend verschont geblieben sind, verdanken sie einem Kurswechsel Mitte der neunziger Jahre. Er begann mit einem ehrgeizigen Regionalentwicklungskonzept, das sich auf das österreichische Programm für umweltgerechte Landwirtschaft stützte. Ahnend, welcher Preisverfall den Bauern mit dem EU-Beitritt Österreichs drohte, stellten die Sennereien ihre Produktion nun in kürzester Zeit von Emmentaler Durchschnittsware auf höherwertigen Bergkäse um.

Hauptgrund für den frischen Wind im Bauernland ist aber die 1998 gegründete „Käsestraße Bregenzerwald" – ein Zusammenschluss von Talsennereien, Sennalpen, einzelnen Käsemachern und bäuerlichen Direktvermarktern, bei dem auch die örtlichen Tourismusbüros, viele Handwerksbetriebe und sogar Seilbahnunternehmen Mitglied sind. Ziel des Vereins: die Region mit mehr Gewinn zu vermarkten, ohne die gewachsenen Strukturen zu beschädigen. Tenor: Wir sind Wälder, keine Hinterwäldler! „Die Propheten der Globalisierung haben wir damit Lügen gestraft", freut sich Hans Peter Metzler, Gastwirt aus Hittisau und bei der Käsestraße von Anfang an dabei. „Sie hatten uns vorhergesagt, die Zahl der milchverarbeitenden Betriebe werde sich nach EU-Beitritt schnell auf vier bis fünf, dann auf zwei und schließlich auf allenfalls eine Großsennerei reduzieren."

Handarbeit trifft Hightech: Bodenständig zu sein heißt nicht, die MODERNISIERUNG auszuschlagen

Doch statt auf Konkurrenz und Wachstum setzten die Wälder auf Zusammenarbeit und Vernetzung. Dabei erwies sich das seit langem verbreitete Genossenschaftsmodell (siehe Kasten rechts) als Segen. Man musste nicht jeden einzelnen Bauern überzeugen, sondern nur die Obmänner, gewählte Sprecher der einzelnen Genossenschaften. Die Absatzwege wurden verbessert – eine Maßnahme, die nicht nur den wenigen Großen zugute kam. Der Direktverkauf der Milchprodukte konnte so in wenigen Jahren um 30 Prozent gesteigert werden. Gewachsen ist auch das Selbstbewusstsein der Bauern – sie müssen sich nicht mehr als bloße Subventionsempfänger fühlen.

Bodenständig zu sein bedeutet im Bregenzerwald indes nicht, jegliche Modernisierung auszuschlagen. Weil der Bergkäse im Vergleich zum Emmentaler viel länger reifen muss, baute man im zentral gelegenen Lingenau einen kollektiven „Käsekeller“, der mit Biomasse beheizt wird. Bis zu 33 000 Käselaibe, jeder 25 bis 40 Kilo schwer, werden hier gelagert und von Maschinen automatisch gewendet und gesalzen. Die Rationalisierung durch Hightech ist aber nur Mittel zum Zweck. Sie dient gleichsam ihrem Gegenteil – der dezentralen Käseherstellungen in Kleinbetrieben, wo das allermeiste von Hand verrichtet wird.

Dass eine branchenübergreifende Zusammenarbeit dieses Umfangs funktioniert, ist nicht selbstverständlich. Vor allem das Mitziehen der Gastronomie ist eine kleine Sensation. Die 28 „Käsewirte“, die sich dem Verein angeschlossen haben, müssen nämlich nicht nur deftige Mitgliedsbeiträge entrichten, sondern auch Auflagen erfüllen, die ihre gewohnten Spielräume einengen: Auf der Speisekarte müssen mindestens fünf Gerichte aus regionalen Milchprodukten stehen und unter der Käseglocke fünf Bregenzwälder Sorten. Nicht alle Betriebe nehmen die Statuten so ernst, wie der Idealist Hans Peter Metzler es sich wünscht. Dennoch kann er zufrieden sein. Vielerorts im Alpenraum sind Selbstvermarktungsmodelle genau hier, an der Schnittstelle zwischen Landwirtschaft und Gastronomie, gescheitert.

Ganz anders im Bregenzerwald: Hier kam der Impuls sogar von den Wirten. Eine Gruppe junger Gastronomen hatte Anfang der neunziger Jahre eine Qualitätsoffensive gestartet und dabei auf regionale Produkte mit Herkunftsnachweis gesetzt. Anfangs belächelt, gaben sie bald auch dem traditionelleren Gastgewerbe die Richtung vor. „So gelang es uns innerhalb weniger Jahre, den Bregenzerwald als Käse- und Genussregion zu positionieren“, formuliert Walter Lingg, Hotelier in Au und Präsident des Landesverbandes Vorarlberg-Tourismus.

Erster Erfolg: Zehn Restaurants in der Region wurden mittlerweile vom „Gault Millau“ mit Hauben ausgezeichnet, 1990 war es nur ein einziges. „Bedenkt man, dass es im Bregenzerwald gerade einmal 120 bürgerliche Speisegaststätten gibt, so wird klar, auf welchem Höhenflug sich unsere Gastronomie befindet.“ Wie Metzler erzählt auch Lingg seine Erfolgsgeschichte ohne Selbstlob. Um Dinge, die funktionieren, machen die Wälder kein großes Aufheben.

Vom Imagegewinn der Gastronomie profitieren wiederum die Sennereien, die jährlich 45 Millionen Liter Milch zu 4500 Tonnen Qualitätskäse verarbeiten. Statt der drei Varianten, die es hier vor dem EU-Beitritt gab, bieten sie heute 25 hochwertige Käsesorten, dazu Quark, Joghurt und Butter. Einiges davon ist bereits in die Regale österreichischer Supermärkte gewandert, und auch in Deutschland ist „Bregenzerwälder Alpenkäse“ auf dem Vormarsch.

In einer von Lebensmittelkonzernen geprägten Welt zeigt das Beispiel der Vorarlberger „Käsestraße“, dass kleinräumige Landwirtschaft auch im 21. Jahrhundert eine Chance hat – wenn man den Mut hat, sich den Spielregeln der Globalisierung zu widersetzen. Zugleich zeigt sich die Richtigkeit des Wälder Mottos „Besser etwas wird erwartet als ersprungen“. Den Anschluss zu verschlafen, so die Botschaft, muss kein Nachteil sein. Als Schlusslicht der allgemeinen Entwicklung kann man sich plötzlich ganz vorn wiederfinden. □

Gerhard Fitzthum, *freier Autor unter anderem für die* Frankfurter Allgemeine Zeitung, *sucht gern nach Ansätzen für nachhaltigen Tourismus – im Bregenzerwald fand er sie.*

MERIAN | Geschichte Alter Käse

Für die Römer war der Bregenzerwald ein trostloses und gefährliches Niemandsland. Ihr Chronist Ammianus Marcellinus berichtet aus dem 4. Jh. vom „Schrecken der rauen, unzugänglichen Wälder“, durch den die Eroberer mühsam einen Weg legten, ständig angegriffen von „Barbaren“. Denn Teile dieser vermeintlichen Wildnis waren bereits seit der Eisenzeit (800 v. Chr.) bewohnt. Die eigentliche Kolonisierung begann aber erst im 12. Jahrhundert. Siedler, meist alemannischer Herkunft, rodeten innerhalb weniger Jahrzehnte die Hänge und begründeten die Dreistufenwirtschaft, die die regionale Ökonomie fortan bestimmen sollte: Mitte Mai treibt man das Vieh auf eine Weide in mittlerer Höhenlage, das sogenannte Vorsäss, wo es bis Anfang Juli bleibt. Dann wird es für sechs bis acht Wochen hoch oben auf die Bergweide, die Alpe, gebracht, bevor es zurück zum Vorsäss geht. Den Winter verbringen die Tiere schließlich im Tal, wo sie das hier gemähte Sommerheu fressen. Diese Form der Bewirtschaftung wird auch heute noch im Bregenzerwald praktiziert: **Das Landschaftsbild hat sich daher in den vergangenen 900 Jahren kaum verändert.** Auch das im heutigen Europa der Agrarindustrien vorsintflutlich wirkende Genossenschaftsprinzip reicht in Zeiten zurück, in denen sich die eigensinnigen Wälder dem vermeintlichen Gang der Dinge widersetzten. Den Ausschlag dazu gaben die Aktivitäten des Sozialreformers Franz Michael Felder. Der Bauer und Schriftsteller aus Schoppernau hatte sich in den 1860er Jahren gegen das Monopol des „Käsegrafen“ Gallus Moosbrugger zur Wehr gesetzt und mit dem „Käsehandlungsverein“ eine kollektive Sennereinutzung eingeführt. **Die in ständiger Zinsschuld lebenden Kleinbauern bekamen nun einen gerechteren Preis für ihre Ware.** Felder, der in Schoppernau die erste Volksbibliothek des Kaiserreichs gründete, etablierte jenes Bewusstsein der Eigenverantwortung, das im Zeitalter versiegender Subventionen überlebenswichtig ist.

Hans Schabus, Wiener Künstler, Ausstellung 2004/2005: „Das Rendezvousproblem". Im zweiten Obergeschoss setzte Schabus die Erfahrung seiner Anreise von Wien nach Bregenz mit dem Zug durch den Arlbergtunnel unter dem Titel „High, Low and In Between" in Szene

Der Leuchtkörper

vom Bodensee ///

TEXT: EMANUEL ECKARDT

Ein modernes Haus für moderne Kunst, in dem alles möglich ist. Für Größen wie Jeff Koons, Jenny Holzer oder Roy Lichtenstein ist das KUNSTHAUS BREGENZ ein Atelier auf Zeit

Olafur Eliasson, dänischer Künstler, Ausstellung 2001: „The mediated motion“. Entengrütze schwimmt auf dem Wasser, mit dem Eliasson das erste Obergeschoss des Kunsthauses flutete. Nur ein schmaler Steg führt den Besucher durch den Raum, er endet an einer Mauer – Sackgasse

Jenny Holzer, lebt in Hoosick, New York, Ausstellung 2004: „Truth Before Power“. Holzer verarbeitet die amerikanische Außenpolitik im Nahen Osten zu Kunstobjekten. Viele Texte in ihren Installationen sind wörtlich aus US-Regierungsdokumenten übernommen

Tony Oursler, amerikanischer Künstler, projizierte 2001 seine gigantische Video-Sound-Installation „Flucht“ auf die seeseitige Glasfassade des Kunsthauses

/// Staunende Gesichter im und am Bregenzer Kunstkasten ///

Foto: SFH Bildkommunikation

Die Wiener Künstlergruppe „gelitin“ inszenierte 2006 ihre Ausstellung „Chinese Synthese Leberkäse“ unter anderem mit einem Schlammsaal im dritten Obergeschoss. Das Motto: Dreckigwerden als Reinigung

/// Ein Spielplatz für die Champions League moderner Kunst ///

Anish Kapoor, in Bombay geborener Künstler, Ausstellung 2003: „My Red Homeland“. Kapoor vereint spirituelle Traditionen seiner Heimat mit westlichen Kunstideen. In seinen Objekten verwischen sich die Grenzen zwischen Malerei und Bildhauerei

Hängebrücke im Nebel: Olafur Eliassons Installation schwebt in einem Raum voller Dunst. Der Weg endet scheinbar im Nichts, jeder Besucher versetzt die Brücke in neue Schwingungen, die Wahrnehmungen verschieben sich

Ein Kasten im Licht des Bodensees, schlicht, kantig, etwas höher als breit, mit Außenwänden in geätztem Glas. Der Bau des Schweizer Architekten Peter Zumthor ist auf den ersten Blick nicht spektakulär; er macht sich nicht wichtig, imponiert nicht mit stürzenden Linien und schwingendem Beton, bietet keinen architektonischen Theaterdonner, sondern Konzentration auf das Wesentliche. Eine schimmernde Ikone unter den Kunstmuseen der Welt, radikal und konsequent. Der Mensch steht im Zentrum und das Werk, dem er sich gegenübersieht.

Das Erdgeschoss dient als Foyer mit Kasse und Garderoben, aber das nur am Rande; der größte Teil von knapp 500 Quadratmetern sind Ausstellungsfläche und multifunktionaler Aktionsraum. Die drei Stockwerke darüber zeigen samtgrauen Beton, Terrazzoboden, fugenlos grau. Vor allem zeigen sie aktuelle Kunst, sonst nichts. Im Untergeschoss gibt es einen Vortrags- und Museumspädagogikraum. Alles andere, Museums-Shop, Verwaltung und Café sind in einem schlanken Extra-Bau, dem dominosteinartigen schwarzen Verwaltungsgebäude, untergebracht.

Der Glaskasten von Bregenz gilt als Solitär unter den Museumsbauten, sein Architekt als Lichtbringer unter den Baumeistern der Moderne. Architekturstudenten aus aller Welt reisen an und bestaunen ein Phänomen, das der Besucher eher unbewusst wahrnimmt. „Die Decken bestehen aus Licht, das sich im Glas verfängt", beschreibt Architekt Zumthor sein Konzept. „Ein Meer von Glastafeln verteilt das Tageslicht im Raum. Der ständig wechselnde Lichteinfall erzeugt den Eindruck, als ob das Gebäude atme."

Zumthor gelang ein Kunstgriff mit verblüffender Wirkung: Er brachte natür-

Daniel Buren, französischer Künstler, Ausstellung 2001: „Les Couleurs Traversées". Mit farbigem und transparentem Glas und Folien schuf Buren Werke, die die Architektur des Kunsthauses wiederspiegeln

Michael Craig-Martin, Londoner Künstler, Ausstellung 2006: „Signs of Life". Viele seiner Arbeiten gestaltet Craig-Martin am Computer vor, auch diese Wandmalerei auf Spezialfolie, gespannt auf Trägerkonstruktionen

liches Oberlicht in drei übereinander gestapelte Räume. Wie ist das möglich? Der Clou sind seine Lichträume, drei Stockwerke, die man nicht sieht, jeweils über den Ausstellungsräumen. Jedes von ihnen ist zwei Meter hoch und sammelt das Tageslicht mit umlaufenden Lichtbändern.

Kunstlicht ergänzt und temperiert die Stimmung, ohne dass die Lichtquellen über der Decke aus geätzten Glaspaneelen sichtbar wären. Das Streulicht vermittelt den Eindruck wechselnder, leichter Bewölkung, Schatten gibt es nicht, nach Westen hin wird es heller, wie ein Leuchten über dem See, nach Norden eher blau und kühl; im Osten mischen sich graue Anteile ein, im Süden scheint das Licht wärmer, intensiver zu sein. Ein intelligentes Lichtmanagement reagiert auf den Tagesverlauf, auf Wetter- und Lichtverhältnisse mit vorfühlenden Blenden. „Wir sind aber auch für vollkommene Dunkelheit für Videoinstallationen bis hin zur Darkbox gerüstet", betont Eckhard Schneider, Direktor des Kunsthauses.

Eine Klimaanlage braucht es nicht. Wasser führende Rohrsysteme sorgen für den Temperaturausgleich, und dass die Akustik schlecht ist, stört den Direktor nicht. „Das Haus ist nicht für Konzerte gebaut, sondern für Kunst. Ich halte nichts von multifunktionalen Allzweckbauten, die für alles gut sein sollen und für nichts richtig taugen, das sind architektonische Wollmilchsäue."

auch bei den Ausstellungen geht er Kompromissen aus dem Wege. Das Kunsthaus besitzt keine Sammlung, sondern zeigt aktuelle Kunst der Champions League in wechselnden Ausstellungen. Vorarlberg, ein Zentrum neuer Architektur (siehe Seite 70), ein Schau-Platz entspannter Moderne und seit 30 Jahren Sitz der neuen „Vorarlberger Bauschule", setzt auf Internationalität.

Bregenz, die beschauliche Stadt an Österreichs Westküste, liegt auf hal-

///„Was man hier sieht, sieht man nirgendwo sonst"///

Louise Bourgeois, in New York lebende französische Künstlerin, Ausstellung 2002: „Zeichnungen und Skulpturen". Die bronzene Spinnenskulptur der 1911 geborenen Grande Dame der Modernen Kunst soll die Ambivalenz von Macht und Zerbrechlichkeit verkörpern

bem Weg zwischen Wien und Paris, in der Mitte des Dreiländerecks zwischen Deutschland und der Schweiz und blickt nach Westen. Zürich ist anderthalb, München, Stuttgart und Basel sind zwei Autostunden entfernt. „Wir bieten ein Metropolprogramm abseits der Metropolen", sagt Schneider.

Zu den Künstlern, die hier ausstellten, gehören Per Kirkeby, Jeff Koons, Gerhard Merz, Roy Lichtenstein und Jenny Holzer, die hier ihre erste große Schau in Europa hatte. Siegrun Appelt ließ mit ihrem Projekt „288 KW" das Kunsthaus so hell strahlen, dass es bis nach Deutschland zu sehen war. Michael Craig-Martin legte zwei Riesenglühbirnen aus Leuchtstoffröhren unter die Glashaut des „Light House".

„Was man hier sieht, sieht man nirgendwo sonst", betont Schneider. „Wir übernehmen keine Ausstellungen. Wir öffnen das ganze Haus als Studio, in dem der Künstler sein Werk zeigt, Arbeiten, Installationen, die er oft erst für dieses Haus konzipiert und produziert. Wir sind ein Atelier auf Zeit." Alle Ausstellungen sind Eigenproduktionen, darunter 20 Neuproduktionen, in der Regel steigen fünf große Schauen im Jahr. „Ein größeres Tempo ist kaum machbar. Wir schaffen den Umbau in zwei Wochen. Unser Technikteam ist unglaublich! Und zusätzlich zu den Ausstellungen haben wir fast 1000 Veranstaltungen pro Jahr." Kurse, Workshops und Führungen – es ist ein offenes Haus der Kunst.

Die Künstler stellen es vor große Herausforderungen. Hans Schabus spielte mit dem vertrauten Element der Überschwemmung, spülte Schlamm und Pfützen ins Erdgeschoss, der Däne Olafur Eliasson brachte 50 Tonnen gestampfte Tonerde mit, setzte das erste Obergeschoss unter Wasser und ließ Entengrütze wuchern. Oben im Haus hing dichter Nebel. Bei Pierre Huyghe regnete und schneite es, Anish Kapoor kam mit rot eingefärbter Vaseline, Santiago Sierra mit 300 Tonnen Beton. Die Wiener Künstlergruppe „gelitin" baute bei ihrem Projekt „Chinese Synthese Leberkäse" 2006 drei Kinosäle aus Sperrmüll, ein öffentliches WC mit Balkon, Eintritt frei für die Stadtbevölkerung sowie alle Weitgereisten, und ein Schlammbad. Auch wenn es gereinigter Schlamm aus Moor- und Heilerde war, die Provokation weckte Protest. „Das Thema Kackwürste ist schon hart, aber auch witzig", schreibt Philipp, neun Jahre, ins Gästebuch, in dem sonst Begeisterung überwiegt. „Echt lässig" oder einfach nur „Super!" □

MERIAN | INFO

Kunsthaus Bregenz
Karl-Tizian-Platz, Bregenz
Tel. (055 74) 48 59 40
Fax (055 74) 48 59 44 08
kub@kunsthaus-bregenz.at
www.kunsthaus-bregenz.at

Kleines Tal, großes Glück

Sie haben deutsche Postleitzahlen und zahlten früher mit D-Mark. Die Kleinwalsertaler leben mitten in Europa zwischen zwei Staaten und fühlen sich dabei ganz wohl

Text: Susanne Strätz, Fotos: Andri Pol

Dem Großen Widderstein (2533 m) und dem Bärenkopf (2083 m) liegt Mittelberg zu Füßen. An drei Seiten ist das Hochgebirgstal von Bergen umrahmt. Die einzige Straße aus dem Kleinwalsertal führt nordwärts, nach Deutschland

Kronen und Korallen – der geheimnisvolle Schmuck der Walser

Die Walser Tracht ist extrem aufwändig. Kronen dürfen Mädchen nur bis zu ihrer Hochzeit tragen. Meist sind die kleinen Kunstwerke bereits über Generationen vererbt – ähnlich den roten Korallenketten, die die alten Walser einst von ihren Handelsreisen mitbrachten

1 Achtung, Alphorn: Beim Alphornfestival in Baad regeln spezielle Schilder den musikalischen Verkehr 2 In Hirschegg betreibt Joachim Paul einen Bioladen. Nach Ladenschluss genießt er auf der Wiese beim Trommeln die Natur

3 Feiner Zwirn vor rohem Holz: Banker Roland Jauch liebt die Authentizität des Kleinwalsertals und führt Kunden schon mal hoch auf den Berg 4 Die Gäste im Casino in Riezlern kommen meist aus Deutschland, aus dem Allgäu. Einheimische pokern selten

Alte Bräuche, neues Geld – das Erfolgsrezept der Dörfer

5

5 Ex-Skirennläuferin Steffi Schuster bewahrt die Traditionen ihrer Heimat. Nach ihrer Hochzeit hat sie sich extra eine neue Sonntagstracht nähen lassen. Ihrem Sohn bringt sie Walserisch bei – und natürlich das Skifahren

Höhenluft und tiefe Klänge – die Berge als schönste Bühne

Alphornbläser brauchen Platz. Das Konzert der alten Hirteninstrumente beim Internationalen Alphornfestival wirkt nur unter freiem Himmel

In Baad scheint das Ende der Welt erreicht. Die schmale Straße, die sich auf den letzten 15 Kilometern durchs Tal schlängelte, hört hier einfach auf. Vorne, rechts und links liegen Blumenwiesen wie gesprenkelte, grüne Teppiche auf den Berghängen. Still ist es hier. Kein Straßenlärm. Bloß zirpende Grillen. Weit oben kreischt ein Greifvogel. Eine Fliege surrt direkt am Ohr vorbei. Nur ein schmaler Schotterweg führt über die Wiesen immer weiter nach oben. Wanderer mit Rucksäcken stiefeln den Hang hinauf. In ein paar Stunden werden sie auf der Rückseite des Berges in einem kleinen Vorarlberger Dorf ankommen. Weniger Sportliche nehmen das Ende der Straße als Zeichen und bleiben einfach da, wo sie sind. Hier unten. Im Tal.

Wobei das Wort „Tal" in diesem Fall ein wenig in die Irre führt. Immerhin liegt das Kleinwalsertal auf gut 1000 Metern Höhe. Von drei Seiten umfassen fast 30 Bergspitzen die vier kleinen Ortschaften der Region: Baad, Mittelberg, Hirschegg und Riezlern. Hätte man an der Straße, an der Walserschanz, kurz hinter Oberstdorf, nicht auf die Grenzschilder geachtet, man würde meinen, das Tal gehöre zu Deutschland. Denn zwischen dem letzten Ort der Enklave und dem restlichen Vorarlberg gibt es weder Straßen noch Bahngleise, nur noch grüne Wiesen, *Flysch* genannt. Die einzige Straße, die ins Tal hinein- und auch wieder herausführt, geht nach Nordosten, raus aus Österreich.

Wenn ein Kleinwalsertaler einen Termin beim Finanzamt in Bregenz hat, sein Auto ordnungsgemäß anmelden will oder ein österreichisches Gymnasium besuchen möchte, muss er durch Deutschland fahren, um die Berge herum. Vorbei an der wildromantischen Breitachklamm und an der Walserschanz, runter nach Oberstdorf, Fischen, hinauf zum Riedbergpass und über Balderschwang, bis er nach einer knappen Stunde, etwa 45 Kilometern, endlich wieder in Österreich ist. Bis Bregenz dauert es dann noch mal eine halbe Stunde.

Ungewöhnlich? Das schon. Betrachtet man jedoch die Historie des „Kleinen Walsertals", beginnt man zu verstehen. Nicht nur die Zugehörigkeit zu Österreich, auch die Präsenz der vielen Banken und des Casinos, den Ruf als Geldwäscheparadies und den ungewöhnlichen Dialekt. Das Kleinwalsertal – das ist die Heimat der Kauzigkeiten.

Ende des 12. Jahrhunderts waren die ersten Bauernfamilien aus dem Oberen Wallis auf der Suche nach neuen Weidegebieten aufgebrochen (siehe Kasten Seite 68). Zwischen 1250 und 1300 erreichten einige von ihnen das Gebiet des heutigen Kleinwalsertals. Mit dabei waren höchstwahrscheinlich auch die Urahnen des 35-jährigen Stefan Heim, der halbtags als offizieller Chronist des Tales beschäftigt ist und die restlichen Hälfte seines Tages in der Gemeindekasse arbeitet. Bis 1516 kann der Walser seinen Stammbaum urkundlich zurückverfolgen. Dabei sieht er gar nicht aus wie ein kerniger Bergbauernsohn. Groß und schmal ist er, dunkelblonde Locken kringeln sich dünn auf seinem Kopf, auf der Nase hockt eine Brille.

Chronist, Bücherwurm, ein Beruf, der Heim auf den Leib geschnitten ist. Man sieht es ihm nicht an, dass er in jeder freien Minute auf einen Berg rennt – ein alpiner Dauerläufer, der mit ebenso viel Ausdauer von den alten Walsern erzählen kann: „Der Freiherr von Rettenberg, dem das Tal gehörte, erlaubte unseren Vorfahren, sich hier anzusiedeln und ließ ihnen ihre Rechte und Freiheiten. Die Walser wurden keine Leibeigenen. Das machte sie zu etwas Besonderem. Lediglich einen Laib Käse pro Jahr und Familie mussten sie an den Freiherren abgeben", erzählt Heim, der in einem der typischen alten Walserhäuser wohnt, die schon immer auf die gleiche Weise gebaut wurden: aus dunklem Holz mit dicken Steinen auf dem Dach, die die Schindeln festdrücken. Die Häuser sind geblieben, aber Bauern wie ihre Vorfahren, sind heute nur noch wenige der Bewohner.

Einst zogen die Walser im Frühsommer mit ihrem gesamten Vieh, der Familie und dem Hausstand aufs so genannte Maisäß, wo das Gras besonders frisch war. Im Laufe des Sommers wanderte die Familie immer höher, auf die Alpen, und im Herbst auf einem anderen Weg wieder herunter, immer auf der Suche nach frischen, guten Weiden für das Vieh, dem saftigen Gras und den duftenden Blumen, die der Milch zu jeder Jahreszeit einen anderen Geschmack geben. „Zia ond Fahra", „Ziehen und Fahren", nannte man das bei den Walsern. Heute rentiert sich das beschwerliche Nomadenleben kaum noch. Auch früher hatten es die Menschen im Tal lange schwer: Mit der Gründung des Deutschen Zollvereins 1834 sollten die Kleinwalsertaler am Ausgang ihres Tales auf alle Waren, die sie nach Deutschland ein- oder ausführten, Abgaben zahlen. Eine finanzielle Katastrophe für die Einheimischen, die auf den Handel angewiesen waren. 1891 nach langen, zähen Verhandlungen, als schon viele Walser weggezogen waren, wurde endlich der rettende Zollanschlussvertrag unterzeichnet. Die Zollgrenze wurde hinter das Tal, in die Berge verlegt, an der Walserschanze musste nun kein Händler mehr seinen Obolus entrichten.

Der Vertrag ist noch immer gültig. Doch mit dem EU-Beitritt Österreichs und der Einführung des Euro sind seine Auswirkungen lange nicht mehr so präsent wie zu Schilling-Zeiten. Im Kleinwalsertal bezahlte man damals seine Einkäufe mit D-Mark, die Gemeinde hatte zwei Postleitzahlen, eine österreichische und eine deutsche, und die Einwohner sowohl deutsche als auch österreichische Telefonnummern. Die doppelte Postleitzahl gibt es immer noch, die deutschen Telefonnummern allerdings wurden abgeschafft – sehr zum Ärger der Bevölkerung, die nach wie vor die meisten Geschäfte mit deutschen Firmen machen.

Spleens und schräge Typen – die Heimat der Kauzigkeiten

1 Ein Papp-Polizist sorgt in Mittelberg dafür, dass hier niemand zuviel Gas gibt 2 Morgenstimmung auf dem Walmendinger Horn, der Blick reicht weit über die Bergspitzen der deutschen und österreichischen Alpen 3 In der Stube eines 580 Jahre alten Walserhauses ist Platz für Akkordeon und Ferrari 4 Minigolfen mit Musik – das ist selbst für Einheimische nicht alltäglich

Steffi Schuster, Bronzemedaillengewinnerin bei der WM-Abfahrt 1999 in Vail, kann sich gut an die Vor-EU-Zeiten erinnern. „Auf unserem Postamt kostete die 7-Schilling-Briefmarke eine Mark. Und da wir Zollanschlussgebiet sind, müssen wir auch heute noch die Einkommenssteuer nach Österreich, die Mehrwertsteuer aber nach Deutschland zahlen", sagt die schmale, rotblonde Ex-Rennläuferin, die in den Wintermonaten das Restaurant Taverne in Riezlern, dem größten Ort im Tal, betreibt.

Dubiose Geschichten aus Zeiten vor dem EU-Beitritt kann Roland Jauch, Prokurist bei der Raiffeisenbank Kleinwalsertal AG, erzählen. Schließlich galt das Kleinwalsertal aufgrund seiner besonderen Stellung durch den Zollanschluss bei Insidern lange als idealer Ort für private Geldanlage – man könnte auch sagen für Steuerflucht und Geldwäsche. „Vor 1995 kam es schon mal vor, dass Leute im Winter in Oberstorf die Fellhornbahn bestiegen und mit den Skiern ins Kleinwalsertal abfuhren. In Skianzügen und Skistiefeln tauchten sie dann bei uns in der Bank auf, im Rucksack jede Menge Bargeld, und wollten ein Konto eröffnen." Der smarte Banker mit den zurückgekämmten Haaren und den perfekt gefeilten Fingernägeln passt so gar nicht in die heile Bergwelt des Kleinwalsertals. Man würde ihn eher in einem Frankfurter Bankenturm vermuten. Doch da will Jauch nicht hin. Ohne die Berge und die gute Luft kann nämlich auch er nicht, obwohl er, der gebürtige Schwarzwälder, hier nur eingeheiratet hat.

Seit Mitte der 90er Jahre, seit man auch in Österreich keine völlig anonymen Konten mehr eröffnen kann, ist die Praxis, das Geld über die Grüne Grenze zu tragen, zurückgegangen. „Wir haben heute über 90 Prozent unbare Transaktionen", sagt Jauch. Wer ein Konto in Österreich eröffnen möchte, muss sich legitimieren und die Herkunft der Gelder erklären. Geldwäsche sei somit ausgeschlossen. Die Kunden lockt heute allein das besonders gute österreichische Bankgeheimnis. „Viele Deutsche haben keine Lust, ein gläserner Bankkunde zu sein, und sie wollen nicht auch noch auf ihre Zinsen hohe Steuern zahlen." Statt also die Daten ihrer Kunden an die deutsche Finanzbehörde zu melden, führen die österreichischen Banken anonym eine Quellensteuer von 15 Prozent an den Wohnsitz des Anlegers ab. Ändern wird sich an dieser Praxis auf lange Sicht nichts, denn das Bankgeheimnis ist in der österreichischen Verfassung festgeschrieben.

Der lange Marsch der Walser – die Geschichte einer alpinen Völkerwanderung

Erste Aufzeichnungen über die Walser datieren um das Jahr 1000. Sie berichten von einer kleinen Gruppe Alemannen, die von Norden kommend die Hochebene des Goms, des Oberen Wallis, erreichte. Dort bauten sie robuste Blockhäuser und gründeten die höchstgelegenen Alpensiedlungen der damaligen Zeit. Häuser und Ställe in ähnlicher Bauart finden sich noch heute im Wallis und in den Gebieten, in die die Walser auswanderten.

Um 1200 verließen nämlich viele Walser ihre Siedlungen. Gründe für die Abwanderung waren wahrscheinlich zum einen die wachsende Unterdrückung durch den Adel sowie eine zunehmende **Überbevölkerung. Die Bauern hatten meist viele Kinder, übergaben ihren Hof aber immer ungeteilt einem einzigen Erben.** Für die weiteren Kinder bot sich bald nicht mehr genug Platz für neue Bauernhöfe. Auch der Klimawandel könnte eine Rolle bei der Auswanderungswelle gespielt haben: Der Rückgang der Gletscher um das Jahr 1200 hatte zur Folge, dass die Pässe besser begehbar waren und das Reisen somit erleichtert wurde. Verbrieft ist, dass in dieser Zeit verschiedene Landesfürsten die Walliser explizit anwarben, um Höhenlagen zu besiedeln und so die Landesgrenzen zu sichern. Als Anreiz boten die Fürsten den Bauern Freiheiten an, wie etwa ein eigenes Gericht und vererbbaren Grund und Boden. Rechte, die sich auch in allen späteren Walsergemeinschaften wiederfinden.

Die Walser zog es in alle Himmelsrichtungen: nach Norden ins Berner Oberland, nach Westen in das französische Chablais und nach Süden in die hoch gelegenen italienischen Alpentäler wie etwa Pomatt, Gressoney, Rimella oder Ornavasso. Die meisten Walsersiedlungen finden sich in östlicher Richtung: im Bündner Oberland und Davos. Von dort zogen viele weiter, in Richtung Klosters und Churwalden und ins St. Galler Oberland, Tirol und bis nach Vorarlberg. Im 14. Jahrhundert endete dort der lange Marsch der Walser, die so genannte inneralpine Völkerwanderung.

Auch wenn das „Walserbewusstsein" in vielen Gemeinden über die Generationen schwand, einige Dinge haben in fast allen Siedlungen überlebt. So ähneln sich beispielsweise die Dialekte und weisen eine Verwandtschaft mit dem im Wallis gesprochenen Schweizerdeutsch auf.

Das mag auch daran liegen, dass die Walser, wie auch in ihrer ursprünglichen Heimat, weit ab von anderen Orten und Menschen, in hohen Bergtälern siedelten. Eine Lage, die die Streusiedlung begünstigte, die sowohl im Wallis als auch in den Walsergebieten vorkommt. Die Bauern benötigten viel Weideland für ihr Vieh und bauten dort auch ihren Hof. So entwickelten sich nur in seltenen Fällen richtige Dörfer mit einem Ortskern. Auch ihre Flur-, Orts- und Familiennamen nahmen die Walser mit, immer wieder stößt man in ihren Orten auf ähnliche Namen.

In Vorarlberg gibt es bis heute siebzehn Walsergemeinden, die meisten befinden sich im Großen Walsertal: Fontanella, Sonntag, Blons, Raggal, St. Gerold und Thüringerberg. Auf den rund 19 200 Hektar des Großen Walsertals wohnen heute etwa 3 500 Menschen. Im dichter besiedelten Kleinwalsertal leben rund 5 000 Einwohner auf 9 700 Hektar.

Der Schiißagli und die Dupf – Mundart, nicht nur im Theater

Eine Tatsache, die nicht nur der Raiffeisenbank zugute kommt. Eine Bank neben der anderen – sechs sind es, plus die Post – hat ihre Filiale an der Walserstraße, der Hauptverkehrsstraße in Riezlern. Manch Walser hält das für eine Verschandelung, andere sehen die Vorteile. Schließlich engagieren die Banken sich sozial im Tal, spendieren auch schon mal eine Schneekanone. Drei Milliarden Euro von etwa 9000 Kunden verwaltet allein die Raiffeisenbank AG in Rietzlern, dabei wohnen nur knapp 5000 Menschen in den vier Dörfern.

Geld ins Tal bringt auch die Spielbank, die vor 34 Jahren auf Betreiben des damaligen Bürgermeisters ihre Pforten öffnete. Die Gäste kommen zum größten Teil aus Deutschland, aus dem Allgäu. Doch die wenigsten Besucher am Roulettetisch bleiben länger als einen Abend. Ganz anders als die Touristen, von denen viele hier schon seit den 1950er Jahren ihren Urlaub verbringen und immer wiederkommen.

Auf der Bühne im Bauerntheater wird natürlich Walser Dialekt gesprochen

Etwa 270 000 Gäste zählt man im Kleinwalsertal jährlich. Fast jeder der Einheimischen lebt mehr oder weniger vom Tourismus. Der Kontakt mit den Fremden ist ein Grund, dass sich die typische Walsersprache mehr und mehr verliert – der alemannische Dialekt stammt aus den Schweizer Bergen und unterscheidet sich eindeutig von den Mundarten der angrenzenden Gebiete. So sagt der Walser etwa „Booch" statt „Bank", „böösch" statt „böse" oder „Iisch" statt „Eis". Damit die Sprache nicht ganz untergeht, haben drei Einheimische eine Art Walser-Duden verfasst. „Trotzdem geraten viele Ausdrücke in Vergessenheit, da sie stark mit dem bäuerlichen Leben zusammen hängen. Und das ist ja fast verschwunden", sagt Karl Keßler, Hauptschullehrer, einer der Wörterbuch-Autoren und selbst Mitglied einer uralten Walser-Familie. „Der Übrigens" heißt er im Tal auch, weil er früher in jeden seiner Sätze mindestens ein „übrigens" einbaute. Andere nennen ihn den „Holzförsters Maxa Karle", weil sein Vater Max heißt und sein Großvater Holzfäller war. Notwendige Namensgebungen, wenn viele Menschen denselben Namen tragen und man wissen will, von wem genau die Rede ist. Manchmal hat die spezielle Namensvergabe auch lustige Auswüchse, wie etwa beim „Schiißaglii", dem es offensichtlich – pardon – scheißegal war, wie man ihn nannte. Oder bei der „Dupf" (Fleck), einer Walserin, die ein Muttermal im Gesicht trug. Der Spitzname machte ihr so zu schaffen, dass sie das Mal operativ entfernen ließ. Mit dem Erfolg, dass sie dann „Nümmr-Dupf" hieß.

Auch wenn die Sprache sich verändert, der Dialekt ist nach wie vor präsent. Steffi Schuster etwa, die Walser Skilegende, redet mit ihrem kleinen Sohn kein Hochdeutsch. Auch in der Grundschule sollen die Kinder Walserisch sprechen. Ein tälerübergreifendes Projekt kümmert sich wissenschaftlich um die Erhaltung der Mundart. Ganz verschwinden wird das Kleinwalserische also nicht.

Roland Jauch, der smarte Banker, spricht zwar nicht den Dialekt der Walser, liebt aber ihre Berge. Er schnürt gern die Bergstiefel und geht – immer öfter auch mit seinen Kunden – auf Tour. In Baad, wo die Straße aufhört, wandert er durch die Wiesen, hört den Grillen zu, zeigt seinen Kunden die Gipfel, deren Namen klingen wie aus Heimatfilmen: Widderstein, Bärenkopf, Gottesacker, Walmendinger Horn, Hoher Ifen. Er hängt an diesem Tal, das keine verschattete Flucht ist, sondern eine breite und sonnige Ebene. Und ist froh, dass er hier lebt, wo die Straße am Berg einfach aufhört. □

Susanne Strätz, *freie Autorin aus Berlin, ist im Allgäu aufgewachsen und verstand meistens den Walser Dialekt.*
Andri Pol, *Schweizer Fotograf, kramte sein Walliserdeutsch aus der Kindheit hervor und kam auch gut zurecht.*

Text: Gerald Drißner

Kiste statt Kitsch

Rustikale Häuser mit Geranienbalkonen? Für Vorarlberger Architekten ist das „neobarocker Lederhosenstil". In den Dörfern zwischen Bodensee und Arlbergpass hat innovative Baukunst Tradition – die Provinz ist längst Vorzeigeland modernster Architektur

Schnörkellos Das Personalwohnhaus des Hotels Adler in Hochkrumbach besticht durch klare Linien. Die schlichte Holzfassade und die geraden Formen bilden einen reizvollen Kontrast zur urwüchsigen Berglandschaft

Foto: Arthur F. Selbach

Abgehoben Der 110 Meter lange Vierkantriegel fällt dem Betrachter des neuen Festspiel- und Kongresshauses in Bregenz als erstes ins Auge. Das Stahlfachwerk scheint in einer Höhe von 15 Metern zu schweben, innen befinden sich Büros mit Blick auf den Bodenseee

Foto: Bruno Klomfar

Einsatzbereit Im unteren Teil des Flachdachgebäudes in Hittisau stehen Löschfahrzeuge, die Feuerwehr des Ortes hat hier ihr Domizil. Oben finden Lesungen und Theateraufführungen statt – eine außergewöhnliche Kombination aus Feuerwehr- und Kulturhaus

Naturverbunden Eine Fassade aus Lärchenholz und viele Fenster, die einen phantastischen Blick auf den Bregenzerwald freigeben, sodass man sich drinnen wie draußen fühlt. Dieses Ferienhaus in Krumbach ist ein Beispiel für gelungenes Wohnen im Grünen. Zumal weder Zaun noch Garten noch Weg die Harmonie von Haus und Landschaft stören

Die fortschrittlichste Region der Welt – wenn es um Architektur geht

Transparent Links der weiße „Turm der Bücher", Heimat der Leihbibliothek in Satteins; rechts (und durch einem Gang mit dem Turm verbunden) der flache, gläserne Quader des Pfarrheims, in dem unter anderem Theatersaal und Kindergarten untergebracht sind

Treppensteigen Im Bregenzer Polizeirevier kommt keine bedrückende Fluchttreppen-Atmosphäre auf. Im Gegenteil: Hochwertige Materialien, farbige Lichteinfälle und die fast skulpturale Wirkung der Stufen zeugen von künstlerischer Freiheit, die mit Ecken und Kanten spielt

Sitzenbleiben Aus dem Klassenzimmer der Volksschule Doren schweift der Blick von der Tafel schnell ab auf die liebliche Landschaft des Bregenzerwaldes. Die Innenausbauten sind durch die Bank aus duftendem Tannenholz, zur Ostseite ist der Kirchturm im Visier – und bringt Tagträumer wieder auf Kurs

Einsatz der Geschmackspolizei – Stil macht Schule

Es gibt hier Dörfer, in denen der Einheimische jede Kuh mit Namen kennt und wo die Leute abends wissen, wer nachmittags den Rasen gemäht hat. Und falls ihnen doch etwas entgehen sollte, holen sie es spätestens am Sonntag auf, beim Spaziergang durchs Dorf. Von besonderem Interesse ist dabei der Bau eines Hauses, der in diesen Dörfern zur Pflicht des Bürgers gehört. Jeder Handgriff, vom Auspflöcken bis zum Begrünen, wird registriert und diskutiert, bevorzugt im Wirtshaus. In Vorarlberg gibt es viele dieser Dörfer. Egg im Bregenzerwald ist eines davon, eine bildhübsche Gemeinde mit 3485 Einwohnern und 2600 Rindern.

Dort, an einem Südhang im Ortsteil Bruggan, liegt das Haus von Ingo Metzler. Der Landwirt, Jahrgang 1965, hat drei Söhne und neun Mitarbeiter. Er stellt Käse und mehr als 40 Molkereiprodukte her, kalorienarme Erfrischungsgetränke und Körperpflegemittel. Für die Erzeugung braucht er Platz, weshalb er eine neue Betriebsstätte bauen ließ. Wie jeder Neubau wurde auch dieser zum Dorfgespräch. Das sei eine Katastrophe, was der Metzler da hinstelle, sagten die einen, verboten gehöre so was. Andere sagten, das Bauwerk passe gut in die Bergwelt. Der Neubau hat die Form von drei unterschiedlich großen Quadern, die von oben aussehen wie eine Treppe, mit Wänden aus grauem Sichtbeton und Alu-Glas-Fenstern. Ingo Metzler mag das Gerede, er sagt, er wollte mit seinem Haus innovativ sein.

In jedem Vorarlberger Dorf stehen Bauten, die so irritierend neuartig sind, dass sie auffallen. Ihre Dächer sind ungewöhnlich flach für die Alpen, und die Fassade ist nicht gemauert, sondern meist aus Holz. Wohnhäuser, die anders sind als jene im Nachbarland Tirol, mit geschnitzten Balkonen, Fensterläden und gebeizten Holzfassaden, die für Dirndl, Kuh und heile Welt stehen. Der Vorarlberger hingegen hat in der schlichten Kiste seinen Stil gefunden.

Doch es sind nicht nur die Einfamilienhäuser, die das Land auffrischen. Kein Unternehmer würde es wagen, einen Blech- oder Betonklotz in die Gegend zu werfen. Das Restaurant vor dem Hotel Martinspark in Dornbirn hat die Form eines grünen Luftschiffs. Krankenhäuser sehen in Vorarlberg nicht aus wie Krankenhäuser. In der größten Klinik des Landes, in Feldkirch, geht man durch eine 200 Meter lange, verglaste Promenade. Oder das Wasserkraftwerk von Klösterle im Klostertal – mit seiner grünen Fassade verschwindet es nahezu in der Landschaft.

Selbst auf dem Berg setzt sich der besondere Geschmack der Vorarlberger sichtbar fort: Früher dachte man, es brauche nur viel Schnee, damit die Gäste zum Skifahren kommen. Heute baut man Liftstationen auf den Berg, die später von Designkritikern gelobt werden. Die Bergstation der Steinmähderbahn bei Lech am Arlberg ist ein Glaspalast in den Alpen, und nahezu jeder Skilift, der in den vergangenen zehn Jahren gebaut wurde, ist ein gestyltes Bauwerk. Aber auch jedes neue Feuerwehrhaus, jeder Gemeindesaal, Pflegeheime, sogar Buswartehäuschen sind von Baukünstlern entworfen worden. Bekanntestes Beispiel der Vorarlberger Architektur ist das 1997 eröffnete Kunsthaus in Bregenz (siehe Seite 50), ein Glaskasten, der weithin sichtbar ist.

Im Sommer 2000 bezeichnete *Wallpaper*, das international bekannte Magazin für Design, Vorarlberg als den „fortschrittlichsten Teil der Welt in Bezug auf neue Architektur“. Stadtplaner, Architekten und Professoren fahren seit Jahren schon in die Region und studieren die innovativen Gebäude.

Bleibt nur eine Frage: Warum entstand diese einzigartige Kultur des Bauens ausgerechnet hier, auf dem schönsten Buckel Österreichs? Vorarlberg ist eine Gegend, die konservativer und christlicher ist als Bayern. 1962 verbot die Landesregierung den Twist, weil er geeignet sei, „das Sittlichkeitsgefühl zu verletzen“; das „Gesetz über die Abhaltung von öffentlichen Tanzunterhaltungen“ wurde erst 1988 aufgehoben. Vorarlberg ist das einzige österreichische Bundesland, in dem es offiziell keine Bordelle gibt, weil die Prostitution nicht erlaubt ist. Was ein richtiger Vorarlberger ist, heiratet kirchlich und hat Kinder, bevorzugt in dieser Reihenfolge. Und baut mindestens einmal im Leben ein Haus.

In den Großstädten interessiert es die Leute kaum, was der Nachbar macht. In Vorarlberg interessiert es das ganze Land. Zwischen dem Bodensee und dem Arlbergpass weiß jeder, wo für wie viel Geld gebaut wird, und die Gutinformierten wissen auch, ob der Eigentümer geschieden ist oder nicht. Deshalb hatten sie es anfangs nicht leicht, die Architekten, die in den 1960er Jahren begannen, Häusern eine neue Form zu geben. „Meine ersten Projekte hatten nicht das entsprechende Dach und nicht die richtigen Fenster“, sagt Leopold Kaufmann, Architekt aus Bezau. „Die Folge: Meine Nachbarn haben mich nach dem Kirchgang nicht mehr gegrüßt.“

Die neuen Häuser hatten flache Dächer, große Fenster, eine offene Südseite, keine Verglasung nach Norden, im Zentrum stand der Kachelofen. Früher sagten die Leute Hühnerstall zu diesen Bauten, später Holzkiste. Heute sagen sie „schön wie alte Scheunen“, denn das markanteste Element des Vorarlberger Stils ist die unbehandelte Lattenfassade.

Vorarlberg ist in manchen Dingen anders als das übrige Österreich. Jeder hier darf sein Haus selbst entwerfen und anschließend die Pläne beim Bürgermeister zur Genehmigung einreichen. In den anderen Bundesländern dürfen das nur staatlich geprüfte Architekten. In Vorarlberg planten deshalb auch gelernte Maurer neue Bauten, Studienabbrecher oder Autodidakten. Die Bundeskammer der Architekten wollte gegen diese „wilden Planer“ und ihre Häuser und Siedlungen vorgehen. Daraufhin schlossen sich die Planer 1979 zur Gruppe „Vorarlberger Baukünstler“ zusammen, ein Begriff, der zur Marke wurde. Vor 20 Jahren gab es drei Dutzend Architekturbüros. Heute sind es mehr als 150.

Doch bis es schick wurde, im Holzwürfel zu wohnen, vergingen mehr als zwei Jahrzehnte. Es gab Skepsis und Zweifel: Ein Flachdach in einem Land, das zu zwei Dritteln über 1000 Metern liegt, trägt das den Schnee im Winter? Und dann die Frage, die sich der Vorarlberger bei all seinem Tun stellt: Was werden die anderen sagen? Am Ende setzte sich der neue Stil durch. Dem Vorarlberger sagt man nach, dass er einen guten Hausverstand hat, was man mit „praktischer Intelligenz“ übersetzen könnte. Gut geht vor billig, doch teuer muss nicht sein. Und die neuen Häuser waren gut und günstiger als ein Tiroler Haus. „Hier haben die Leute ein besonderes Qualitätsbewusstsein“, sagt Robert Fabach, Architekt in Bregenz. Das erleichtere die Planung und eröffne

Kunst am Bau ist hier meist auch Kunst am Berg

Provokant Wie eine Treppe Richtung Himmel wirken die drei Gebäudequader der Molkerei von Ingo Metzler in Bruggan. Der innovative Bau wurde in der dörflichen Gemeinschaft kontrovers diskutiert

Exotisch Was wie ein Flugzeugrumpf aussieht und „Terminal V“ heißt, ist das Präsentationszentrum einer Wohnungsbaugesellschaft in Lauterach. Mit seinen Rundungen eher untypisch für die Vorarlberger Architektur, soll es „die Verwirklichung eines nicht wirklichen Ortes“ repräsentieren

Futuristisch
Wie eine Schanze ragt die Station der Golmerbahn vom Hang über das Tal. Für den aufwändig verglasten Neubau wurde vielfach altes Material wiederverwendet

Formvollendet Das Restaurant vor dem Hotel Martinspark in Dornbirn erinnert an einen schwebenden grünen Zeppelin. Die rundum gewölbten Wände sind aus Kupferblech

MERIAN | TIPP

FÜHRUNGEN UND BESICHTIGUNGEN
In Vorarlberg bieten Architekten Führungen zu zeitgenössischer Vorarlberger Architektur an.

Architektur INFORM Brigitte Jussel, Anton-Schneider-Str. 8, Bregenz Tel. (055 74) 585 20 brigitte.jussel@ aon.at www.architekturinform.com

Architekturkontakt Petra Brunner, Sägerstr. 3a, Lustenau, Tel. 06 64 527 87 19 office@architekturkontakt.at www.architekturkontakt.at

Guideservice Doris Zucalli Im Äuele 27, Dornbirn Tel. (055 72) 37 21 66 guideservice.zucalli@vol.at www.guideservice.at

LITERATUR
Otto Kapfinger: **Baukunst in Vorarlberg seit 1980** Ein Führer zu 260 sehenswerten Bauten Hatje Cantz, 3. Aufl. 2003, 24,80 €
Amber Sayah: **Neue Architektur in Vorarlberg** Bauten der neunziger Jahre Callwey 1997, 49,95 €
Amber Sayah: **Architektur in Vorarlberg** Bauten ab 2000 Callwey 2006, 64 €

viele Möglichkeiten. In Österreich lassen drei Prozent der Bauherren ihr Privathaus vom Architekten planen, in Vorarlberg ist es jeder Dritte. Fragt man einen Einheimischen, was ihn von den anderen Österreichern unterscheidet, sagt er: „Schaffa, schaffa, Hüsle baua".

Mittlerweile trauen sich die Vorarlberger noch weit mehr als Lattenfassade und Holzkiste. Sie haben gelernt, was gute Architektur ausmacht. Von 1985 bis 1992 gab es im österreichischen Fernsehen, in einer ORF-Lokalsendung, regelmäßig einen Beitrag, der „plus/minus" hieß. Der Architekt Roland Gnaiger zeigte darin Häuser, die ihm gut und weniger gut gefielen. Wer auf der Minusliste stand, war persönlich beleidigt und landesweit bekannt. „Mein Haus ein optischer Missgriff?" Die Leute riefen beim Sender an und beschwerten sich, in den Zeitungen erschienen Leserbriefe, überall wurde diskutiert. Mehr als 150 Sendungen waren das, mit insgesamt sieben Stunden Sendezeit. „Die Einheimischen setzten sich dadurch intensiv mit Architektur auseinander", sagt Fabach. Ein kollektiver Lernprozess sei das gewesen, „einmalig in Europa".

Das führte schließlich dazu, dass im katholischen Vorarlberg möglich wurde, was früher zu Bürgerprotesten geführt hätte. Kirchen wurden im Kistenstil umgebaut, Friedhöfe neu gestaltet. Das Pfarrheim Satteins im Walgau ist ein Glasbau, in dem sich andernorts Werbeagenturen niederlassen würden. Nur ein paar Kilometer entfernt, im Dorf Batschuns, wurden 2001 eine Totenkapelle und eine Friedhofsmauer aus Lehm gebaut, direkt neben der Dorfkirche.

Selbst die Schulen sind in Vorarlberg Designerstücke. Warth am Hochtannberg liegt auf 1500 Metern Seehöhe. Im Sommer ist das Dorf über Straßen erreichbar, die im Winter meist wegen Lawinengefahr gesperrt sind. Deshalb wurde 1992 eine eigene Schule gebaut. Ein Haus mit Bullaugen, einem Dach aus Holzfachwerk und überall Glas.

Die Vorarlberger wachsen mit der neuen Architektur auf, in Kindergärten und Schulen, und sind sie dann erwachsen, bauen sie ihr eigenes Haus und entwickeln den heimischen Stil weiter. Manche dieser Häuser liegen abseits, doch abgelegen wohnt hier im Grunde jeder, denn wer eine Semmel kaufen möchte, braucht ein Auto.

In den Tourismusregionen im Süden Vorarlbergs stehen viele Häuser, die Balkone haben, Erker und ein Satteldach. Einige Vorarlberger Architekten nennen das „neobarocken Lederhosenstil". Seit in diesen Regionen die Balkone verschwinden, Latten die Ziegel verdrängen und die Dächer flach statt spitz gezogen werden, gibt es Hoteliers, die einen Verlust an Tradition befürchten. Manche klagen, es sei schwierig geworden, „traditionell" zu bauen. Die Behörden würden sogar schon Flachdächer vorschreiben.

Otwin Netzer ist Hotelier im Montafon, der größten Tourismusregion in Vorarlberg. Er gründete eine Plattform gegen Flachdächer und nannte sie „Wir verlieren unsere Identität". Netzer sagt, der Gast wolle einen Tapetenwechsel im Urlaub, er suche Behaglichkeit, dazu gehörten auch „Balkönle und Blumen". Nüchternes spreche den Gast nicht an. Die Architekten sind anderer Meinung, die meisten Ferienhotels seien im „Lederhosenstil" gebaut, der Gast kenne also nichts anderes.

Hoteliers und Architekten streiten sich nun seit Jahren, und der Streit hat etwas Positives: In Vorarlberg wird beharrlich über Architektur diskutiert. Die Baukünstler entwickeln ihren Stil weiter. Die Jungen gehen ins Ausland, studieren, sammeln Erfahrungen, sehen Neues, kommen zurück und sagen es den Alten. In Vorarlberg gibt es keine Universität. Der Ort, an dem das Wissen weitergegeben wird, ist die Baustelle.

Dietmar Eberle zählt zu den bekanntesten Vertretern der Vorarlberger Bauschule, heute lehrt er an der renommierten Eidgenössischen Technischen Hochschule Zürich. Eberle sagt, in Vorarlberg habe sich die Architektur aus ihrem akademischen Umfeld befreit. „Architektur ist hier ganz allgemein zum Thema geworden." Ein Thema für jedermann also, für Sonntagsspaziergang und Wirtshaus. □

Gerald Drißner, *Jahrgang 1977, gebürtiger und überzeugter Vorarlberger, lebt als freier Autor in Hamburg und Tel Aviv und vermisst die Berge und die Kisten seiner Heimat.*

Schiffbruch eines

Für seinen guten Namen geht das „Ländle“ auf die Barrikaden. Kaum ein Tourist, der auf der MS „Vorarlberg“ über den Bodensee tuckert, weiß, dass die Taufe dieses Schiffs 1964 beinahe zu einer Staatskrise führte

Wien Landeswappen

Die faulen Eier, mit denen hatte er gerechnet, mit den vielen Tomaten auch. Aber die Limonade? Kistenweise Glasflaschen wurden da herangeschleppt, klebriges Zeug, das über die Ehrengäste gekippt werden sollte. Johann Sternbach setzte sich an den Fernschreiber und schickte ein Telegramm: „Die Zuschauer sind in das engere Werftgelände eingedrungen. Ich kann für Ihre Sicherheit keine Garantie mehr übernehmen. Es wäre angebracht, nicht zu kommen.“

Das Telegramm des Sicherheitsdirektors erreichte den österreichischen Verkehrsminister mitten auf dem Bodensee. Otto Probst saß in einem kleinen Motorboot der Polizei, er war auf dem Weg nach Fußach. Es war der 21. November 1964, der Tag, der das politische Leben in Österreich erschütterte.

Fußach liegt am Bodensee und grenzt an die Schweiz. Ziemlich genau 3600 Menschen leben in diesem beschaulichen Dorf, ein paar Bauern, gutbürgerliche Gastwirte, Klein- und Kleinstunternehmer. Am Fußacher Ufer, in der Zweigstelle der Österreichischen Schiffswerften, werden Schiffe für den Bodensee gebaut, renoviert und überholt. Im Sommer 1964 wurde dort ein Linienschiff fertig gestellt, dessen Benennung zu einem veritablen Streit zwischen Vorarlberg und Wien führte.

600 Kilometer trennen Vorarlberg von der Hauptstadt, und wer von Wien nach Bregenz fahren möchte (oder umgekehrt, was aber selten vorkommt), muss über oder durch den Arlberg, Pass oder Tunnel. Für die Österreicher im Osten ist der Arlberg ein Berg von vielen. Für die Österreicher im Westen, die „vor dem Arlberg“, ist er weit mehr als ein Haufen Fels, er ist gewissermaßen ein Schutzschild vor den Wienern. Das Einzige, was Vorarlberger und Wiener eint, ist der österreichische Pass.

Für viele Menschen auf der östlichen Seite des Arlbergs zählt Vorarlberg allerdings nicht wirklich zu Österreich, was vor allem daran liegt, dass Ost und West keine gemeinsame Sprache haben. Zwar verstehen die Vorarlberger die Wiener mühelos, doch die Wiener verstehen die Vorarlberger nicht, denn Wiener sind des Alemannischen nicht mächtig. Deshalb müssen die Vorarlberger in Wien Hochdeutsch sprechen, was sie ärgert. Die Wiener sagen zu den Vorarlbergern „Gsiberger“, weil die jeden Satz mit „gsi“ beenden, dem Ausdruck für „gewesen“. Und die Gsiberger gelten als fleißig und sparsam, die Wiener nicht. Vorarlberg und Wien pflegen eine Beziehung wie Bayern und Preußen. Es ist eine Hassliebe, die im Herbst 1964 beinahe zu einer Staatskrise führte.

Die „Vorarlberg“ tut seit über 40 Jahren Dienst auf dem Bodensee

Das neue Schiff war fertig und lag in der Werft: 62 Meter lang, zwölf Meter breit, Platz für 1000 Passagiere, das längste der „Weißen Flotte“. Nur einen Namen brauchte das Schiff noch. Der Vorarlberger Landeshauptmann schickte einen Brief nach Wien und schlug „Vorarlberg“ vor. Im Oktober 1964 teilte der zuständige Bundesminister, Otto Probst, seine Entscheidung mit: Das Schiff werde auf den Namen „Karl Renner“ getauft.

Ausgerechnet Karl Renner. Die Vorarlberger wussten vom ersten Bundespräsidenten der Zweiten Republik, dass er für Vorarlberg wenig übrig hatte. Bei den Verhandlungen nach dem Ersten Weltkrieg sagte er, Österreich habe „nun zwar Neutitschein verloren, dafür aber wenigstens Vorarlberg behalten.“ Neutitschein war ein kleines Nest in Mähren. Und außerdem war Karl Renner kein Vorarlberger. Und nochmal außerdem wurde noch nie ein Schiff nach einer Person benannt; die bisherigen hießen „Österreich“, „Austria“, „Feldkirch“ und „Bregenz“.

Ministers

Text: Gerald Drißner

Die Bitten und Briefe der Politiker, das Schiff doch „Vorarlberg" zu taufen, wurden nicht beantwortet. Die Vorarlberger waren bereit, es den Wienern zu zeigen. Sie fanden einen mächtigen Verbündeten: die *Vorarlberger Nachrichten*, die auflagenstärkste Tageszeitung im Land. Was dort nicht steht, ist in Vorarlberg nicht passiert. Am 21. November 1964, am Tag der Schiffstaufe, rief die Zeitung auf der Titelseite zu einer Demonstration in Fußach auf: „Minister Probst brüskiert und provoziert ganz Vorarlberg. Wir bitten alt und jung, den Protest durch eine möglichst starke Beteiligung laut und deutlich kundzugeben."

Und das taten sie. 30 000 Demonstranten folgten dem Ruf nach Fußach, fast jeder zehnte Vorarlberger. Auf den

Proteste und Parolen gegen die Wiener „Diktatur"

Transparenten stand „Obst für Probst" und „Probst ins Wasser". Auf der Tribüne wurde eine schwarze Flagge gehisst. Von der Sektflasche, die für die Taufe vorbereitet wurde, blieb nur noch der Hals übrig. Es gab Drohungen, das Schiff in die Luft zu sprengen. 120 Polizisten bewachten das Werftgelände.

Die Demonstranten warfen Eier, Erdklumpen und Tomaten auf die Ehrengäste. Diese brachten sich auf dem Motorschiff „Österreich" in Sicherheit. Helmut Schöpf stand auf dem Dach des Steuerhauses. „Man hat Steine auf die ‚Österreich' geworfen, es gab sogar solche, die die Hosen runterzogen und das Hinterteil zeigten", sagt der ehemalige Schiffskapitän. An Bord der „Österreich" mussten die Wiener Politiker mitansehen, wie die Demonstranten den Namen „Karl Renner" mit schwarzer Farbe übermalten. Dann trat ein Mann ans Mikrofon: „Liebe Vorarlberger, hört auf mit den Tomaten. Ihr trefft nur unsere eigenen Leute. Wartet mit den Tomaten, bis unser Diktator Probst kommt."

Vorarlberg Landeswappen

Doch der Bundesminister erreichte Fußach nicht mehr. Als Otto Probst an Bord des kleinen Motorschiffs auf dem Bodensee das Telegramm des Sicherheitsdirektors mit der eindringlichen Empfehlung, die Schiffstaufe zu meiden, erreichte, fuhr er flugs zurück nach Wien.

Ernst Marxgut war der Sprecher der Demonstranten und sollte die Absage des Ministers verkünden. Auf dem Weg zum Rednerpult wusste er, „das Schiff wird getauft, und zwar von uns, vom Volk". Er füllte eine Bierflasche mit Bodenseewasser und kürte eine Taufpatin. Die Musikgruppen, die eigens angereist waren, um die Rede des Ministers zu stören, spielten die Landeshymne, „Du Ländle, meine teure Heimat". Es war eine Nottaufe, sie ist nach Seebrauch gültig und nicht mehr zu ändern. Und genau das wussten die Vorarlberger.

Die Ehrengäste reisten ab. „Arg ramponiert verließen sie schnell wieder das feindliche Land; ihr Sonderzug bewegte sich wie durch ein Partisanengebiet", schrieb eine deutsche Zeitung. Außenminister Bruno Kreisky gab eine Erklärung ab: Die Vorfälle seien „so unerhört und in der Geschichte Österreichs einzigartig", dass sie in der nächsten Sitzung der Bundesregierung zu erörtern seien. Noch heute hört man Politiker sagen, „wir wollen kein zweites Fußach".

Im Juli 1965 stimmte die Bundesregierung dem Namen „Vorarlberg" zu. Einen Monat später, am 12. August, um 8.04 Uhr, legte das Schiff zum ersten Mal ab. Es gab keine Proteste. Die „Vorarlberg" fährt noch heute auf dem Bodensee.

Minister Otto Probst, der sich mit den Vorarlbergern angelegt hatte, starb 1978. Nach ihm wurden eine Straße und ein Platz benannt – in Wien. □

Vor 80 Jahren kam Ernest Hemingway und verliebte sich in das urige Tal. In die Berge, die Gletscher, das Bier. Das Montafon hat sich seinen alten Charme bewahrt, ganz still und leise

Der Mythos

Der junge Mann und der Schnee: Ernest Hemingway (2. v. l.) mit seinen Freunden John Dos Passos und Gerald Murphy (r.) beim Skilaufen im Montafon. An des Dichters Seite Fräulein Basler, Sekretärin im Hotel „Taube" in Schruns

„Ich erinnere mich an den Duft der Tannen". Der Schriftsteller liebte das Montafoner Tal, das besonders im Nebel eine geheimnisvolle Atmosphäre verbreitet

TEXT: Marc Bielefeld, FOTOS: Andreas Riedmiller

des Montafon

Romantisches Refugium: Das Hotel „Taube“, hier eine Aufnahme aus der Zeit der Hemingway-Aufenthalte 1924-26, steht auch heute noch am Kirchplatz von Schruns

Trophäen in Tschagguns: Gamsgeweih und Literaten-Porträt hängen einträchtig im „Gasthof Löwen“ an der Wand

Schade, dass Tische nicht sprechen können. Dieser hätte ein paar hübsche Geschichten zu erzählen. Es ist ein großer Tisch, alt, rund und verschnörkelt, aus Ahornholz und Fichte gefertigt, mit einer eingelassenen Schieferplatte, auf der sie früher mit Kreide den Spielstand beim Kartenspiel kritzelten. Genau an diesem Tisch saß er. In der holzgetäfelten Gaststube des Hotels „Taube", nächtelang. Sie nannten ihn den „schwarzen, Kirsch trinkenden Christus": Ernest Hemingway, damals noch völlig unbekannt, im Nachhinein der sagenumwobenste Gast, den das Montafon je beherbergte.

Der angehende Schriftsteller war mit Frau und Sohn aus Paris gekommen, weil er kaum Geld hatte und Freunde ihm erzählt hatten, dass in Schruns ein schönes Hotel stünde, dass das Montafon günstig sei und die Berge hinreißend.

Hemingway gefiel es so gut, dass er 1924/25 und 1925/26 zwei Winter hier verbrachte, sechs Monate inmitten blendend weißer Schneewelt und umgeben von jener Ruhe, die er brauchte, um seinen ersten Roman „Fiesta" umzuschreiben.

Und der Herr Hemingway, damals Mitte 20, ließ es sich gut gehen. Auf Holzskiern und Seehundfellen stieg er auf ins Ochsental, kletterte über die Gletscher am Piz Buin, er liebte die Berge, und in Schruns soff er den selbst gebrannten Schnaps der Bauern, dazu Mengen an Fohrenburger Bier, und er zockte sie alle nieder. Den Wirt, seinen Skilehrer Walter Lent, sogar den örtlichen Gendarmeriehauptmann nahm er bei den abendlichen Pokerrunden aus.

„7 Flaschen. 158 000 Kronen gewonnen. Macht etwa 2,35 Dollar. Jedenfalls keine Schwulen in Vorarlberg." Das schrieb der junge Hemingway seinem Literatenfreund F. Scott Fitzgerald. Und in einem weiteren Brief aus Schruns, datiert vom 15. Dezember 1925: „Es hat zwei Tage geschneit. Ungefähr zweieinhalb Fuß Schnee. Kalt, die Luft schön dicht. Es ist verdammt schön, die Berge wiederzusehen."

Dass aus dem bulligen Amerikaner einer der berühmtesten Schriftsteller der Welt werden sollte, ahnte von den Montafonern freilich keiner. Doch dann wurde Hemingway zum Mythos, und inzwischen hängt sein Name über der Region wie die nassgrauen Wolken, die sich über die Täler schieben.

Noch heute steht das Hotel „Taube" am Kirchplatz von Schruns, aufgeräumt und adrett die kleinen Straßen im Dorf, im Hintergrund thronen die Gipfel des Rätikon. Im Biergarten des Hotels, unter Rosskastanien, sitzen vier rüstige ältere Herren mit sehr roten Gesichtern, Trekkingschuhe an den Füßen, große Biere an den Lippen, und reden über den herrlichen Wandertag. Oben an der Lindauer Hütte waren sie heute, sechs Stunden auf Tour, und jetzt, bitte schön, Herr Ober, dürfen's noch mal vier Enzian sein.

Es ist September, die Wiesen sind von schmatzendem Grün, die hölzernen Walserhäuser stehen in blumiger Pracht an den Hängen, Geranien und Petunien wallen von den Balkonen, Kuhglocken bimmeln, Mädchen in Dirndln huschen durch die Gaststuben. Wie eine heile Spielzeugwelt schlummert das Montafon zwischen den Bergflanken. Das südlichste Tal des Vorarlbergs ist gerade mal 39 Kilometer lang und

Der Ski-Tourismus steckte noch in den Kinderschuhen, als Hemingway im Montafon urlaubte. Das Tourismusmuseum von Gaschurn ist einer der wenigen Orte, die mit der Ausstellung diverser Devotionalien an den berühmten Gast erinnern

zählt elf kleine Orte, die Namen tragen wie Bartholomäberg, Gortipohl und Silbertal, Orte wie Puppenstuben, in denen man klare, seidige Luft in die Lungen bekommt.

Gleich dahinter liegt das Paznauntal im Osten mit dem Party-Dorado Ischgl, aber damit wollen sie hier nichts zu tun haben. Im Montafon gibt es nicht mehr Gästebetten als Einwohner, jeweils 18 000 sind es, ein Verhältnis, das nach bedächtiger Erholung statt nach Touristenabfertigung und lautem Remmidemmi riecht. Viele hier sind noch echte Montafoner, und sie sprechen einen alemannischen Dialekt, der mit den Schweizer Mundarten verwandt ist. Hinter vielen Sätzen klebt ein keckes „odrr?“, und dabei gucken sie Fremden fest, aber freundlich ins Gesicht.

Das Montafon hat sich den Charme der alten Zeiten bewahrt. Keine Betonpaläste, keine überdrehten Szene-Läden mit dem letzten Snowboarder-Schick, und wenn oben vor der Berghütte am Hochjoch mal ein Techno-DJ auflegt, ist das eine Ausnahme und eher so selten, dass die Hirsche dann vor Schreck durch die Kiefernwälder davongaloppieren. Stattdessen: Almfrieden. Der Gekreuzigte, der an fast jedem Hausgiebel hängt, blickt auf hübsche Pensionen, die „Haus Monika“ heißen, auf brav dekorierte Schaufenster und auf einen Frisörladen, der sich „Crazy Hair“ nennt und ungefähr so verrückt ist wie eine ordentlich geföhnte Dauerwelle.

Josef „Pepsi“ Nels kommt an den Tisch der Tische. Er hat eisgraue Haare, buschige Brauen und ist zwischen 70 und 75, so genau rückt der heutige Wirt des Hotels „Taube“ mit seinem Alter nicht raus. Sein Vater, Paul Nels, hat hier mit ihm gesessen, mit dem leibhaftigen Hemingway, lange, feuchte Abende waren es, und Pepsi weiß noch einiges von damals zu berichten – wenn man es ihm nur aus der Nase zieht. Denn nein, Herr Nels ist kein Schwadroneur, nicht einer jener Hoteliers, die sich mit gespreiztem Grinsen im Namen berühmter Gäste sonnen. „Oh ja, sie tranken viel damals, Veltliner Rotwein aus der Sassella-Traube, gibt's heute gar nicht mehr“, erzählt er schließlich mit verschmitzten Augen. **„Hemingway war ein gern gesehener Gast, die Montafoner mochten ihn.“** An der Wand der Gaststube hängen heute einige kleine Schwarzweißfotos, Hemingway mit Bart, Hemingway auf Skiern. John, der erste Sohn des Schriftstellers, hat sie Herrn Nels selbst geschickt, nachdem er die „Taube“ auf den Spuren seines Vaters einmal besucht hatte.

Und irgendwann, wenn man nicht zu sehr nervt, holt Pepsi das Fremdenbuch von 1926 hervor, schon gelb und zeitzerfressen. Und darin steht, was in jedem neumodischen Nobelhotel mindestens in einer goldverzierten Glasvitrine aufgebahrt wäre: Hemingways Unterschrift, groß und gut lesbar, mit einem langen Querstrich durch das t, dahinter seine damalige Adresse, „4 Place de la Concorde, Paris“.

Auch sonst macht Pepsi Nels kein Aufheben um den legendären Nobelpreisträger, der einst in seinem Haus

Sie nannten ihn den schwarzen, Kirsch trinkenden Christus

Im Oldtimer auf dem Weg nach oben: Die Silvretta-Hochalpenstraße gab es zu Hemingways Zeit noch nicht. Der stieg hier in den 20er Jahren mit Bergführern durch schwieriges Gelände zum Madlenerhaus auf

Spurensuche: Am selben Tisch, an dem der Schriftsteller zechte und pokerte, blättern der Hemingway-Experte Günther J. Wolf (l.) und „Taube"-Wirt Pepsi Nels in alten Fremdenbüchern. Mit schwungvollem Strich schrieb sich der Amerikaner mit seiner Pariser Adresse im Hotel ein – als Literat war er damals noch komplett unbekannt

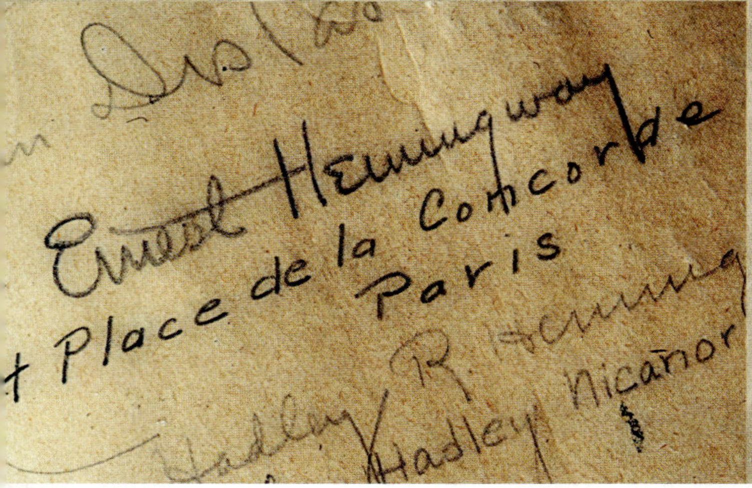

Schwärmereien über Schnee und Hütten, geschrieben von einem Nobelpreisträger

residierte. Eine kleine Messingtafel neben dem Eingang, die vom Tourismus wollten das so, und ein beiläufiger Vermerk in der Hotelbroschüre. Mehr nicht. Keine Logos, keine aufgedonnerte Bar, kein Hemingway-Getue. Selbst das Angebot zweier Banker, das einstige Hemingway-Zimmer originalgetreu wiederherrichten zu lassen – Pepsi Nels winkte ab.

Warum schlachtet er den einträglichen Namen nicht aus, so wie sie es auf Kuba oder Key West tun, mit großen Reklamesprüchen, Museen und teuren Drinks? Pepsi Nels guckt gelassen und gibt eine einfache Antwort, irgendwie montafonerisch: „Man muss ja nicht alles vermarkten, odrr?"

Dabei wäre das sogar naheliegend. Denn Hemingway kam nicht nur zum Schreiben. Er war, wenn man so will, einer der ersten Abenteuertouristen des Montafon. Er ging auf Hochtouren, lernte Skifahren und machte harte Tagesmärsche, damals noch durch völlig ungespurtes Terrain, unter Lawinengefahr bis hoch zum Madlenerhaus. Hemingway als Prototyp des alpinvernarrten Bergfex: Das Montafon könnte eigentlich keine schillerndere Werbefigur finden, denn bis heute kommen die Menschen aus den gleichen Gründen wie damals der Amerikaner – den Bergen zuliebe.

Legt man den Kopf tief in den Nacken, sieht man die Gipfel, ringsherum. Das Schwarzhorn, den Drusenfluh, die Madrisa und ganz hinten den Piz Buin. Oben an der Bielerhöhe steht auch das alte Madlenerhaus noch, heute eine frisch renovierte Berghütte des Deutschen Alpenvereins, und schon morgens kommen die ersten Wanderer herbeispaziert. Vor der Tür lehnen Teleskopstöcke, auf den Tischen werden Karten ausgebreitet, und dann geht's los. Kaum bricht die Sonne durch die Wolken, strömen sie aus, Rucksäcke aufgeschnallt und solide gerüstet im atmungsaktiven Wanderkleid.

Auf fünfhundert Kilometern markierter Wege marschieren die Trekker dahin, über duftende Routen, am Wegrand blühen Silbermantel und blauer Rittersporn. Die Berge sind zur Spielwiese geworden, bunte Mountainbiker rasen da durch die Kulisse, Paraglider fliegen, und am spüligrünen Silvretta-Stausee werfen Angler ihre Ruten aus. Schön ist's hier oben, auf 2000 Meter Höhe. Und inzwischen auch ganz schön bequem.

Da, wo Hemingway einst eisern durch die weglose Winterwelt stapfte, schlängelt sich heute die Silvretta-Hochalpenstraße empor. Wie ein plattgewalzter Korkenzieher schrauben sich die Serpentinen nach oben, bis rauf zum Stausee, wo Kapitän Stefan Schindlecker in den Sommermonaten ein holländisches Grachtenboot mit Passagieren durch die Gegend steuert. Kein Boot in Europa verrichtet seinen Dienst auf höherem Niveau.

Meistens so gegen Mittag schnaufen die Reisebusse die steile Straße hinauf, einmal die Woche kommen die Japaner und fluten das „Souvenirlädili", weil es ganz ohne großen Tourismus eben doch nicht geht. Da gibt's dann Ansichtskärtli und Hinterwälder Hexengeist in der 0,5-Liter-Flasche, niedlich verpackt nebst CDs mit „steirischen Harmonika-Klängen". Auch hier keine Spur von Hemingway-Devotionalien, obwohl der große Meister damals genau von hier aus ins Hochgebirge losmarschierte. Die Montafoner mögen's nun mal nicht an die große Glocke hängen. Ein schreibender Amerikaner als kletterndes Vorbild? Ja, bitte schön, wer sind wir denn?

Im Rätikon, dem Grenzgebirge zur Schweiz, warten bis heute einige der schwersten Bergsteigerreviere der Alpen, Klettersteige und Gletscherpassagen, Schwierigkeitsstufen bis Grad zehn, und Guntram Bitschnau, 64, ist

einer, der sein halbes Leben auf diesen Routen verbracht hat.

Bitschnau sitzt unten im Tal, im Hotel „Alpenrose", vor sich ein großes Weizenbier. Bitschnau ist Montafoner, einer der 54 professionellen Bergführer der Region, kennt jeden Stein da oben, hat graue krause Haare, rote Wangen, klettert, seit er gehen kann. 500, 600 Mal war er schon oben am Piz Buin, irgendwann hat er aufgehört zu zählen, und dann sagt er mit tiefer Stimme: „Der Alpinismus ist heute populärer denn je, da wollen auf einmal Leute in die Berge, die sind früher höchstens mal zum Brötchenholen gegangen."

An guten Tagen tummeln sich bis zu 150 Bergsteiger auf dem Piz Buin, mit Eispickeln, Steigeisen und dick vermummt, der höchste Gipfel der Region ist der Paradeberg des Montafon. „Die technisch kniffligen Touren aber liegen woanders", sagt Bitschnau und nimmt einen großen Schluck. „Die Überschreitung des Litzner-Seehorns etwa, da sollte man schon wissen, was man tut."

Die Berge sind der große Magnet. Sie ziehen die Menschen an wie mächtige Riesen, die gigantischen Kalksteinfelsen, die schroff gewachsenen Kamine, der Zimba, das Garnerajoch, und jährlich fordern sie einige Tote. Die Gründe seien immer wieder die gleichen, sagt Bitschnau: Leichtsinn und Übermut derer, die aus den schnuckeligen Montafoner Dörfern kommen und vergessen, dass nur wenige hundert Meter höher die Wildnis beginnt.

Es ist ein kühler Abend am Hochjoch, tiefe, matte Stille hängt über der Talschaft. Und dann kriechen plötzlich wässrige Nebel die Hänge herauf, Flusen, graue Fransen, und bald sind es geisterhafte Wolkenschiffe, die lautlos vorübertreiben. Es ist Spätherbst, der Winter naht, bald wird die Natur hier alles weiß streichen.

„Am Weihnachtstag in Schruns war der Schnee so weiß, dass es den Augen wehtat ... Es war dort, wo sie ... die große Abfahrt machten, wo der Schnee so glatt aussah wie Zuckerguss und so trocken war wie Pulver ..."

Es sind Zeilen aus „Schnee auf dem Kilimandscharo", einem der bekanntesten Werke Hemingways, in dem sich der delirierende Protagonist ans Montafon erinnert. Und auch in seinen Erinnerungen, dem postum veröffentlichten Buch „Paris – ein Fest fürs Leben", besang Hemingway das Tal. Auf den letzten Seiten beschwört er seine damaligen Winter hinauf:

„Ich erinnere mich an den Duft der Tannen und das Schlafen in den Holzfällerhütten auf den Matratzen aus Buchenblättern und das Skilaufen durch den Wald, wenn wir Hasen- und Fuchsspuren folgten. ... die Knöchel aneinandergedrückt, liefen wir ganz tiefgeduckt, überließen uns der Geschwindigkeit und glitten endlos, endlos im stillen Zischen des körnigen Pulverschnees. Es war schöner als jedes Fliegen oder sonst irgend etwas."

Sätze wie aus der Werbung, geschrieben von einem Literaturkoloss. Die Montafoner lassen sie behutsam dort, wo sie hingehören. In den Büchern. □

Marc Bielefeld *lebt als freier Autor in Hamburg. Über Hemingway schrieb er zuletzt in dem von ihm und Rüdiger Barth verfassten Buch „Wilde Dichter", erschienen im Malik-Verlag 2005.*
Andreas Riedmiller, *freier Fotograf, lebt im Allgäu, also in direkter Nachbarschaft zu Vorarlberg.*

MERIAN | TIPP Hemingway im Montafon

Auf schicke Bars und große Museen wird nicht stoßen, wer im Montafon auf Hemingways Spuren wandelt. In einigen Gaststätten und Hotels, in denen er damals wohnte und einkehrte, haben die Betreiber jedoch kleine Hemingway-Ecken eingerichtet. Ein paar Fotos, die den Schriftsteller oft mit Skiern und in dicker Wintermontur zeigen, hängen an den Wänden. Heute bekommt man hier leckeres, deftiges Essen, „Sura Käs", den heimischen sauren Käse, Lumpensalat, Rehragout und Knödel. Meist schauen den Besuchern ausgestopfte Gamsköpfe und Hirschgeweihe über die Schulter. Und dazu gibt's herben Enzian.

Hotel Taube
Schruns, Silvrettastr. 1
Tel. (055 56) 723 84

Posthotel Rössle
Gaschurn, Tel. (055 58) 833 30
www.posthotel-roessle.at

Gasthaus zum Kreuz
Schruns, Kirchplatz 18
Tel. (055 56) 721 17
www.kreuzschruns.at

Gasthof Löwen
Tschagguns, Kreuzgasse 4, Tel. (055 56) 722 47, www.montafonerhof.com

Madlenerhaus
Berghütte an der Silvretta, Bielerhöhe (1986 m), Tel. (055 58) 42 34
www.madlenerhaus.at

Tourismusmuseum Gaschurn
Denkmalhof Gaschurn
Tel. (055 56) 747 32 24
www.vorarlbergmuseen.at
geöffnet Woche nach 3. Advent bis Woche nach Ostern sowie Pfingsten bis 26. 10. jeweils Di und Fr 16-18 Uhr

LITERATUR

Paradies ohne Wiederkehr
Hemingway im Montafon. Von Günther J. Wolf, Montafon-Tourismus 2000 (15 €; über www.schruns-tschagguns.at). In seinen Büchern **Paris – ein Fest fürs Leben** (rororo, 7,50 €) und **Schnee auf dem Kilimandscharo** (rororo, 6,50 €) beschreibt Hemingway, wenn auch nur in Passagen, seine Zeit im Montafon.

Das weiße Rauschen

Süchtig nach Schnee, aber kaum einen Cent in der Tasche – die „Ski-Bums" des Arlbergs müssen entweder Sponsoren finden oder abends jobben, um sich eine Saisonkarte leisten zu können. Hunderte kommen trotzdem jeden Winter, angelockt vom Glanz der Berge

Text: Jan Kirsten Biener, Fotos: Richard Walch

Hoch über Stuben am Arlberg, weit ab von gespurten Pisten und beheizten Sesselliften, liegen die unberührten Tiefschneehänge, die Freerider aus der ganzen Welt anziehen

Abflug in die Freiheit

Meterhohe Abhänge werden aus vollem Tempo „gedroppt“. Waghalsige Sprünge sind für Freerider Momente des Glücks

Wenn Mathieu morgens um kurz nach sieben vom Klingeln geweckt wird, kann er mit nur einer Handbewegung den Wecker ausschlagen und gleichzeitig nach seinen Snowboard-Schuhen greifen. Sie stehen vor der Heizung, direkt neben dem Kopfkissen. Ein bisschen Mief in der Nacht, findet Mathieu, sei besser als tagsüber zehn Eiszapfen an den Fußspitzen. Er springt aus den Federn direkt in die Stiefel, wirft einen Blick aus dem eisblumenverzierten Fenster und jubelt: „Draußen sieht es aus, als hätten sich die Wolken ausgekotzt!“ Dann tobt er in die Küche und fahndet unter Türmen dreckigen Geschirrs und Pyramiden antiker Pizza-Kartonagen nach etwas Essbarem – wie ein Lawinenhund auf der Suche nach Überlebenden. Mathieus dunkelbraune Locken stehen dabei in alle Richtungen vom Kopf ab. Mit einer Wollmütze drückt er die Frisur in Form, gibt ungeduldig die Nahrungssuche für heute auf und greift sich sein Board. Raus aus der WG, rauf auf den Berg. Frühstück gibt es vielleicht später, auf der Hütte. Wenn nicht, auch egal: Die frisch verschneiten Bergspitzen leuchten in der Morgensonne. Sie strahlen hinunter zu Mathieu. Und Mathieu strahlt zurück.

Mathieu ist 28, sieht aber aus wie 18. Vielleicht liegt es an der Bergluft. Davon hat er in seinem Leben schon ordentlich inhaliert. Er gehört zu den Menschen, die eine Passion haben und sie ausleben. Bedingungslos. Seine Leidenschaft ist Snowboarden. Er kommt aus Lourdes, dem Pilgerort am Fuße der Pyrenäen. Obwohl er kein Wort Deutsch spricht und in den französischen Alpen Dutzende von Skistationen liegen, die schneller zu erreichen wären, wohnt er am Arlberg. Und schuftet in der Spülküche einer Pizzeria für ein paar Euro die Stunde. Eigentlich müsste er wochenlang arbeiten, um sich Liftkarte und Leben in der Nobelskiregion finanzieren zu können. Pizzateige kneten, Bestecke sortieren, Lasagne- und Germknödelreste von den Tellern kratzen. „Der Lohn ist mies, aber wenn du in der Pizzeria arbeitest, darfst du in der Wohnung ein Stockwerk drüber wohnen“, sagt er. „Hauptsache, ein billiges Bett.“ Ein Zimmer mit Aussicht ist es nicht gerade. Mathieu schaut aus seinem Fenster auf die betonfarbene Rückwand eines Hotelneubaus. Ein Wohnzimmer hat er nicht. Abgesehen von den Bergen natürlich.

Es ist acht Uhr morgens. Mathieu, Joe und ich treffen uns am alten Sessellift von Stuben. Wir hatten uns am Abend zuvor verabredet, nach einem letzten von vielen Bieren im „Pfefferkorn“, einer typischen Après-Ski-Bar in Lech, in der sich die Skiverrückten die Abenteuer des Tages erzählen, während verheiratete Frauen mittleren Alters verzweifelt auf der Suche nach der Urlaubsaffäre mit einem Skilehrer sind. Joe, 30 Jahre alt, aufgewachsen in Australien und Österreich, wohnt seit neun Wintern am Arlberg. Er und Mathieu wollen unbedingt die Ersten „am Berg“ sein, wie sie sagen, als Erste ihre Spuren in einen frisch verschneiten Hang ziehen. Deshalb stehen wir am Lift, bevor der erste Sessel überhaupt die Talstation verlässt.

Die Sonne und der Schnee lassen die Berge glänzen. Die Skiverrückten des Arlbergs, die „Ski-Bums“, erkennt man, wenn sie ihre Brillen abnehmen: um die Wangen braun gebrannt, rund um die Augen – bleich wie Computernerds. So auch Joe. Er ist einen Kopf größer als Mathieu. Wenn er den Mund aufmacht, dann nur um ein Stück Kautabak nachzuschieben. Er nuschelt ein breites australisches Englisch. Wenn er überhaupt spricht. Eben Typ schweigsamer Bergführer. Lange Haare, braun gebrannt, sympathisch. Auch er besitzt nicht viel. Sein größter Schatz ist ein neues Paar Ski, extrabreit, nur für Tiefschneetage.

Die beiden testen kurz ihre Lawinensuchgeräte und nehmen den Lift. Stuben ist bekannt für seine steilen Nordhänge. Die Schattenseiten sind schlecht fürs Sehen und Gesehenwerden, also schlecht für die Schickeria. Aber gut für die Schneequalität. Hinter den Liften endet die Zivilisation. Erst nach zwanzig Kilometern gen Süden kommt das nächste besiedelte Tal. „Willkommen im Backcountry, willkommen im Paradies“, sagt Mathieu, als wir hinter der letzten Bergstation nach einer Stunde Fußmarsch eine Bergkuppe erklimmen und sich ein riesiges Amphitheater aus Schnee und Eis vor uns ausbreitet. Erst der mächtige Piz Buin verstellt den Blick Richtung Süden. Joe lächelt zufrieden, als ob er mir seine bildhübsche Freundin vorstellen würde. Ein bisschen ist es auch so.

Fast 1500 Höhenmeter sind es von hier ins Tal. Es ist Anfang April, aber es sieht aus wie im Februar. Gevatter Frost hat letzte Nacht noch einmal seine Macht demonstriert und dem Arlberg die kalte Schulter gezeigt. 20 Zentimeter Neuschnee. Joe und Mathieu suchen sich eine „Line“, ihre ganz persönliche Abfahrt. „Früher hieß es, Snowboarder und Skifahrer würden sich nicht vertragen. Dabei geht es nicht um das Sportgerät, sondern um den Stil. Entweder du gehst Freeriden, oder du fährst wie in den Achtzigern“, sagt Mathieu, kurz bevor er sich in den Steilhang stürzt. „Wer sich heute wirklich lächerlich machen will, der wedelt einen Neuschneehang hinunter. Mann, Freeriden geht so: Du nimmst erst mal 200 Meter Anlauf, ohne irgendwelche Kurven, und wenn du richtig schnell bist, dann setzt du lang gezogene Schwünge in voller Fahrt.“ So geht es die ersten 1000 Höhenmeter bis zur Baumgrenze, weiter unten rasen wir im wilden Zickzack durch den Wald. Joe boxt in Slalommanier die Äste der Tannen weg. Auf die Idee, einfach etwas langsamer zu fahren, kommt keiner der beiden. Irgendwann stehe ich alleine im Wald, kämpfe mit mir und dem Schnee.

Nass geschwitzt komme ich im Tal an. Die beiden sitzen auf dem Geländer einer Brücke über den Bach Alfenz, der irgendwann im Bodensee mündet. Joe raucht eine Zigarette, Mathieu liegt auf seinem Board in der Sonne. „Gute Abfahrt“, sagt Joe. „Das Zwischenstück war etwas verharscht.“ Es sind, glaube ich, seine ersten Worte heute. Mathieu grinst zufrieden.

Später quetschen wir uns in Mathieus Kastenwagen. Auf einem Bauernhof in der Nähe steigt eine Grillparty. Als wir ankommen, wendet ein Doppelgänger von Maradona gerade lachend tellergroße Steaks. Joe und Mathieu begrüßen ihn wie einen Bruder. Es sind noch 20 weitere Freunde der beiden da. Aus England, Deutschland und Norwegen. Der harte Kern der Ski-Bums.

Es hat etwas von einem Aussteiger-Camp. Aber statt Latzhosen tragen sie Funktionsjacken, und statt Müsli gibt

Bretter, die die Welt bedeuten

1 Nordhang oder Rinne? Die Freeride-Freaks Mathieu (links) und Joe diskutieren die Route der nächsten Abfahrt 2 Wer sein Snowboard liebt, der trägt es. Vor dem Genuss der Abfahrt liegt oft ein anstrengender Aufstieg 3 Nebel an der Gipfelstation des Trittkopf – da heißt es warten auf die Sonne 4 Kaffee und Kippen: Mathieu und Freundin Aline am Computer in ihrem WG-Zimmer

1

Im Tiefschnee werden Träume wahr

2

3

4

1 Einkehrschwung: Snowboard-Profi Aline (links) bei der Jause in der Rud-Alpe 2 Carving: In weiten Bögen durch den Tiefschnee pflügen, das ist der Stil des 21. Jahrhunderts 3 Eintracht beim Aufstieg: Snowboarder und Skifahrer erklimmen gemeinsam den Albonagrat 4 Ski-Bum: Für Mathieu, 28, ist sein Leben „eine Pilgerfahrt zu den besten Spots der Welt" 5 Après-Ski: Party auf der Palmenalpe

5

es Riesensteaks – dank Oski. Er ist das Maskottchen der Skifreaks vom Arlberg. Vor zehn Jahren ist er hier hängen geblieben. „Den Sommer habe ich aus meinem Leben gestrichen. Ich bin jeden Winter am Arlberg, und wenn hier Sommer ist, fahre ich auf die Südhalbkugel und passe 1600 Kilometer entfernt von Buenos Aires in der Pampa auf die Rinderherden meiner Familie auf."

Die Sonne geht unter, stattdessen leuchtet die Glut des Lagerfeuers. Und die der Joints. Dancehall-Reggae aus Jamaica schallt aus dem Kassettenrecorder. In Daunenjacken und Wollmützen eingepackt, starren wir zufrieden ins Feuer. Wir bleiben über Nacht.

Als die anderen am nächsten Morgen ihren Rausch ausschlafen, nimmt mich Aline mit auf den Berg. Die 23-Jährige ist die Freundin von Mathieu und Profi-Snowboarderin. Was bedeutet, dass ein Snowboard-Hersteller ihre Ausrüstung und Reisen zu Wettbewerben finanziert. Außerdem erhält sie eine Art Taschengeld. „Ich komme damit gerade so über den Winter, ohne dass ich einen Nebenjob annehmen muss." Am Flexen-Pass zeigt sie aus dem Fenster. „Siehst du den Felsen da vorne? Den sind wir letzte Woche runtergesprungen. Wenn du willst, können wir den nachher noch droppen." Ich sehe nur eine Klippe, mindestens fünf Meter hoch, habe keine Ahnung, was „droppen" ist, weiß nur, dass ich dieses Selbstmörder-Kliff garantiert nicht „droppen" oder sonst was werde. Mich beschleichen langsam Zweifel, ob es die richtige Entscheidung war, dieses Gebiet mit Extremsportlern zu erkunden, die für eine frisch planierte Piste so viel übrig haben wie der Papst für Gruppensex.

Zu meinem Glück macht das Wetter nicht mit. Der Nebel gibt die Berge nicht frei. Stattdessen setzen wir uns auf die Palmenalpe in eine Hütte mit DJ und Strandkörben, 2000 Meter über dem Meeresspiegel. Als Aline ihre Handschuhe auszieht, entdecke ich eine 15 Zentimeter lange Narbe auf ihrem Arm. „Das ist mir letztes Jahr passiert. Bei einem Sturz hat die Elle sich ins Handgelenk gerammt", sagt sie und lächelt, als ob sie von einem blauen Fleck aus dem Turnunterricht spricht. Drei Wochen nach der Operation stand sie wieder auf dem Brett.

Der Nebel ist hartnäckig. Normalerweise sind die Gipfel spätestens mittags frei, heute reicht die Sicht nicht einmal, um die Piste vom Rest des Bergs zu unterscheiden. „Das Backcountry können wir uns abschminken", sagt Aline ernüchtert. An diesen Tagen ist das Leben für die Schnee-Verrückten ein doppeltes Minusgeschäft. Die Berge machen keinen Spaß, und das Geld, das man am Abend verdienen wird, haut man schon tagsüber in der Hütte auf den Kopf.

Wir fahren zurück in die WG von Mathieu. Die Wohnung ist höchstens 50 Quadratmeter groß, in jedem Zimmer stehen zwei bis drei Betten, im Hausflur 20 Paar Ski und noch einmal so viele Snowboards. Die Tür im Bad wird von einer 20-Kilo-Packung Waschmittel blockiert.

„Wie viele Leute wohnen hier?", frage ich Mathieu. „Im Moment sind wir acht", sagt er auf Englisch mit nicht zu überhörendem französischen Akzent. „Nein, stimmt gar nicht. Ich glaube, wir sind neun! Und wenn Aline da ist, eben zehn."

Die Tür springt auf, drei Engländer in mehlverdreckten, grünen Stoff-Overalls kommen von der Arbeit. „Die gute Schicht ist die von fünf bis elf, dann kannst du tagsüber auf den Berg", sagt einer der drei im Vorbeigehen. Heute hatten sie die Frühschicht und sind deswegen gerade in Eile. „Die letzte Gondel fährt gleich, und wenigstens eine Abfahrt wollen wir noch machen."

Einen Lagerkoller habe noch keiner bekommen, sagt Mathieu. „Wenn einer eine Frau mit nach Hause bringt, müssen die anderen eben unten eine Pizza essen gehen."

Mathieu ist das erste Jahr am Arlberg, einer seiner Mitbewohner wohnt schon seit zwölf Jahren in der vollgestopften WG. Wozu eine große Wohnung, wenn man die endlose Weite doch jeden Tag auf den Gipfeln genießen kann? An die Wand in seinem Zimmer hat Mathieu ein zerbrochenes Skateboard genagelt, auf dem Nachttisch stehen Sonnenmilch-Tuben neben Kaffeetassen und Obststücken, die langsam Eigenleben entwickeln. „Mein Leben ist eine Pilgerfahrt zu den besten Spots der Welt", sagt der junge Mann aus Lourdes. Dann drückt er seinen Joint aus und geht ein Stockwerk tiefer. Arbeiten in der Pizzeria.

Der Nebel hat sich doch noch verzogen. Ich nehme die letzte Gondel mit Joe, dem schweigsamen österreichischen Australier. Aber manchmal muss man auch gar nichts sagen. So wie jetzt. Wir erwischen die letzte Bergfahrt auf den Trittkopf, das Tal ist längst in Schatten gehüllt, nur unsere Flanke wird noch angestrahlt. Der Schnee leuchtet orangefarben. Kein Mensch weit und breit. Die alten Kabinen der Bergbahn, der historische Charme dieser Gipfelstation – das erinnert an die Pionierzeit des Wintersports, als es noch keine Sessellifte mit Sitzheizung und Expressgondeln gab. Am Arlberg gibt es noch einige dieser magischen Orte. Und wenn man Joe beobachtet, wie er den Berg mustert und seine Abfahrt plant, merkt man, dass er im Geiste ein Urenkel von Luis Trenker ist – ein hoffnungslos in die Berge verliebter Grenzgänger.

Joe schnallt seine Ski an, rückt die Brille zurecht und fährt los. Nach wenigen Metern auf der Piste biegt er in den Tiefschnee ab. Dann ist er weg. Zurück bleibt nur eine Wolke aufgewirbelten Pulverschnees. □

Jan Kirsten Biener, *Jahrgang 1978, fährt jeden Winter Snowboard am Arlberg. Seine Bilanz: ein Bänderriss, zwei ausgekugelte Schultern, ein genähtes Kinn (acht Stiche).* **Richard Walch**, *geboren 1971, hatte als Fotograf am Arlberg seine gesamte Ausrüstung auf dem Snowboard dabei.*

MERIAN | INFO

SKIGEBIET ARLBERG

Das bekannteste, teuerste und für viele das beste Skigebiet in Vorarlberg (für manche sogar das beste der Welt) bietet 276 Pistenkilometer und 180 Kilometer Tiefschneeabfahrten, die von 85 Liften und Bergbahnen erschlossen werden. Der Arlberg ist das einzige Skigebiet Österreichs, das Heli-Skiing anbietet. Die mondänsten Orte sind Lech und Zürs. Morgens Ski laufen, nachmittags im T-Shirt am Bodensee sitzen; auch ohne Gletscherskigebiet geht das am Arlberg – auf der Albona in Stuben fahren die Lifte bis zum 1. Mai. Informationen im Internet unter: **www.winterbahnen.at** und **www.skischulen.at**

>> weitere Wintersport-Tipps ab Seite 118

BESTELL-SERVICE
040/87973540

MERIAN live! Chiemgau
Der handliche Pocketreiseführer lässt keinen Urlaubswunsch offen. Mit dem übersichtlichen und umfassenden Kartenmaterial ist er bestens geeignet für Kurzurlauber und alle, die eine komprimierte Darstellung ihres Urlaubsziels schätzen.

- Routen und Touren
- Übernachtungs-Tipps
- Sightseeing
- MERIAN Top-Ten-Tipps
- Geschichte
- Kulturelle Highlights
- Kartographie
- Jahrestemperaturen
- Feste und Events

Versteckt im Grün der Wälder des Großen Walsertals liegt die Propstei St. Gerold, eine kirchliche Niederlassung mit weltlichem Kulturangebot

Text: Alfons J. Kopf, Fotos: Jens Küsters

Heilfasten und Hightech

Erst kam der Propst, und dann wurde aus dem Großen Walsertal eine blühende Landschaft

»Die Ehre Gottes ist der aufrechte Mensch«

Für ein Gespräch, hier im Hof der Propstei, nimmt sich Propst Nathanael immer Zeit. „St. Gerold möge ein Hort der Gastfreundschaft und Begegnung sein", wünscht er sich und geht mit gutem Beispiel voran

Wie eine scharfe Kerbe schneidet das Große Walsertal in die Gebirgswelt Vorarlbergs ein. Tobel heißt hier so ein Tal, das ganz ohne flachen Talboden und mit steilen Flanken die Landschaft teilt, in diesem Fall den Bregenzerwald von den Lechtaler Alpen, die mit der Roten Wand bis zu 2700 Meter hoch aufragen. An seinen Steilhängen siedelten im 13. und 14. Jahrhundert Bauern aus dem heutigen Schweizer Kanton Wallis, die Walser, und gaben dem Tal auch seinen Namen.

Sechs kleine Gemeinden mit jeweils wenigen hundert Einwohnern, weit in die Höhe verstreut liegende einzelne Höfe oder kleine Weiler – wer das Große Walsertal besucht, kann sich gut vorstellen, welche Arbeit es für die Siedler einst bedeutet haben muss, die Wälder zu roden und erste Behausungen zu errichten. Bis heute sind die Höfe klein und viele ernähren kaum ihre Bewohner. Das Große Walsertal war das Armenhaus Vorarlbergs.

Ab Mitte des vergangenen Jahrhunderts zog es daher viele Walser Richtung Walgau und Rheintal, wo der Wohlstand winkte, dem Tal drohte die Entvölkerung. Dies war die Zeit, in der Nathanael Wirth in den Tobel kam. Der damals knapp 30-jährige Schweizer Pfarrer hat mit Ausdauer und Eigensinn, mit Kunstverstand und Menschenliebe die kleine Propstei St. Gerold

Propst Nathanael Wirth, 76, leitet St. Gerold seit 1958 mit Weitblick. Zur Seelsorge gehören für ihn auch Jazzkonzerte und Reittherapie

wiederbelebt, die im Jahre 960 von dem berühmten Benediktinerkloster Kloster Einsiedeln im schweizerischen Schwyz gegründet, aber 1802 enteignet worden war. In den vergangenen Jahrzehnten gab sie dem Tal und seinen Bewohnern neue Impulse, die – weit mehr als geistlicher Natur – ein Kern des wirtschaftlichen Aufschwungs im Großen Walsertal waren.

Die bescheidene kirchliche Niederlassung, mit einem einzelnen Pater kaum ein Kloster zu nennen, muss man suchen, grad einmal ein Dach und nur die Spitze des Kirchturmes lugen unterhalb der Ortschaft St. Gerold hervor. Nathanael Wirth begreift sich nicht nur als Seelsorger für die 380 Seelen. Seine Propstei ist offen für Besucher aus aller Welt und überrascht mit einem weltlichen Kunst- und Bildungsprogramm und mit therapeutischen Angeboten. Heute bleiben die Walser im Tal, es ziehen gar einige zu, weil gute Verkehrsverbindungen das Pendeln erträglich machen und es neue Jobs gibt. Es kommen Touristen, und oft eben in die Propstei St. Gerold: zum Meditieren und Musizieren, zum Heilfasten oder zum therapeutischen Reiten oder um eines der 27 Gästezimmer als Urlaubsdomizil zu beziehen.

Dass die kleine Propstei etwas besonderes sein soll, machte Wirth den Einheimischen bald klar, als er den Gottesacker neben der Kirche völlig umgestaltete. Weil im Tod alle gleich sind, bekommen hier alle Toten die gleiche Tafel aus Eisen – mit Geburts- und Todesjahr und dem Namen, aber ohne einen Hinweis auf weltliche Verdienste. Eine Lehmmauer umschließt den friedlichen Ort und macht deutlich: „Mensch, du bist Lehm und kehrst zu Lehm zurück.“ Dafür hatte der Propst einiges an Kritik einzustecken, mittlerweile gibt es keine Probleme mehr mit dieser ungewöhnlichen Ruhestätte, besonders das positive Echo von außerhalb hat die Bergbauern umdenken lassen.

Propst Nathanael hat gezeigt, wie er sich von christlichen Grundsätzen leiten lässt. Mindestens ebenso gilt sein Interesse natürlich den Lebenden. Er hält es mit dem heiligen Irenäus, der im 2. Jahrhundert sagte: „Die Ehre Gottes ist der aufrechte Mensch.“ Eine souveräne Persönlichkeit zu werden und Fremdbestimmung abzustreifen, dazu macht St. Gerold, machen der Propst und seine Mitarbeiter Angebote.

St. Gerold steht nicht nur für Meditation. Die Propstei gibt auch Impulse für Kunstformen, die am Anfang im Tal auf wenig Verständnis stießen. Das moderne Altarbild in der Propstei- und Pfarrkirche St. Gerold gehört dazu: So etwas war man im Tobel nicht gewohnt. Moderne Malerei braucht mehr als bloße kindliche Ehrfurcht, sie zwingt zum Nachdenken. Mag sie in fernen Großstädten vielleicht auch Alltag sein, in einem engen Bergtal ist so etwas gewöhnungsbedürftig.

Aber auch hier ging es dem Propst Nathanael um alles andere als Provokation. „Bei uns sind Künstler aktiv, die nicht einfach wiedergeben, was jeder in der Natur sieht. Eine Aufgabe der Kunst ist es doch, das Unsichtbare hinter dem Sichtbaren aufzuzeigen“, erläutert er.

Ähnliches gilt für Jazzkonzerte, Ausstellungen oder Lesungen ebenso wie für das emanzipatorische Seminarangebot: All dies sind Themen, die in den Volkshochschulen der Metropolen gang und gäbe, im Großen Walsertal aber befreiend neu sind.

Natürlich sind die kulturellen und therapeutischen Angebote auch Besuchermagnete und ein Beitrag zum wirtschaftlichen Überleben. Dazu trägt bei, dass Propst Nathanael schon früh anfing, Gäste in St. Gerold aufzunehmen. Nachdem der heute 76-Jährige 1958 zunächst als Pfarrer arbeitete und zwei Jahre später das Amt eines Propstes übernahm, entstand bald aus der alten Propstei-Sennerei der Kloster-

Impressionen einer Rundreise durchs Große Walsertal: Die Reittherapie in der Propstei St. Gerold hilft MS-Patienten ebenso wie Menschen mit Atemproblemen (1) Kühe und Kirche bestimmen wie hier bei Raggal das Landschaftsbild im Tal (2), Tanz in Tracht gibt's an kirchlichen Feiertagen (3) Holz an der Hütte: Bauernhäuschen bei der Oberpartnomalpe (4)

keller. Dort erhielten die Ausflügler anfangs nur eine kleine Jause. Jetzt ist der Klosterkeller von Mai bis Oktober geöffnet, das Gästehaus sogar das ganze Jahr hindurch. Das Geld, das hier verdient wird, investiert der Propst für die Menschen und deren Gesundheit.

In St. Gerold kann man nicht nur der Klosterfrau begegnen, die mit Wanderstöcken ausgestattet einige erholsame Tage genießt, es ist auch Kinderlachen zu hören – aus der Reithalle, die zur Propstei gehört. Dort bietet St. Gerold Reittherapien an. Menschen mit Problemen der Motorik oder der Atmung reiten auf friedfertigen, besonders ausgebildeten Haflingerpferden, geführt von Fachleuten. „Das richtet viele auf, lässt sie leichter atmen, gibt Linderung etwa bei MS-Patienten.“

Die Idee zur Reittherapie hatte Propst Nathanael, aufgewachsen als Bauernbub und in der Jugend Kavallerie-Rekrut in der Schweizer Armee, selbst. Eine eigene Reithalle, ausgezeichnet mit Architekturpreisen, steht für die Therapien zur Verfügung. Das Außergewöhnliche: St. Gerold bietet die Hippotherapie unentgeltlich all jenen an, die das Geld hierfür nicht selbst aufbringen können.

Propst Nathanael Wirth ist stolz darauf, dass sein kleines Refugium, das er so gern teilt, nach wie vor nicht angewiesen ist auf Subventionen von Land, Diözese oder vom Kloster Einsiedeln. Die Propstei war und ist Selbstversorger, die kleine Landwirtschaft wirft allerdings nicht viel ab. Es gibt glücklicherweise einen internationalen Freundeskreis mit 1000 Mitgliedern, und es gibt Künstler, die für ein „Vergelt's Gott“ und Verpflegung Konzerte gestalten.

So arbeitet Propst Nathanael zwar abgelegen, aber mitten in der Welt:
„Ich lebe hier gewiss kein klösterliches Leben oder gar wie ein Einsiedler. Aber so weiß ich auch, wovon die Leute reden und wo sie der Schuh drückt.“ Der Propst hält nur wenig von rückwärts gewandten Traditionalisten. „Im religiösen Bereich hat sich viel geändert in den Jahrzehnten, die ich hier bin. Der Mensch von heute will selbst Verantwortung übernehmen, Entscheidungen fällen. Die Suche nach dem Sinn, die Sehnsucht nach geistiger Heimat ist in den Menschen.“

Und eine geistige Heimat bietet St. Gerold. Seminare für Trauernde, für Menschen in schwierigen Situationen, Hilfe auf dem Weg zu einem erfüllten Dasein, das ist es, was Meditation, Schweigen und Heilfasten bewirken sollen.

Der Propst weiß von vielen Gästen zu berichten, die dem Ort eine Kraft zumessen, die sie sonst nicht finden, in der sie aber zu sich selbst finden können. Kein Wunder, dass sogar der *Kirchenbote*, das Organ der Evangelisch-Reformierten Kirche des Kantons St. Gallen, Gutes zu zitieren weiß über den „katholischen“ Ort der Kraft: „Ich fühle mich als Protestantin hier

Mancher kehrt zurück ins Tal

Waldaufseher Johann Küng aus Raggal hat sein Revier fest im Blick. Neben Land- und Forstwirtschaft gibt es seit neuestem auch Hightech-Firmen im Tal

Geistige Heimat und Ort der Kraft

Chiara und Beate Türtscher haben die aufwändige Walsertracht für den Kirchgang in Fontanella angelegt

wohl. Das klerikal und konfessionell Trennende hat Raum gemacht für eine zeitgemäße, menschennahe Geistigkeit, die sich auch im offenen Kunst- und Bildungsprogramm zeigt."

Und was denkt der so gelobte Propst über die Menschen im Walsertal, die er seit fast einem halben Jahrhundert begleitet? „Anders als damals sind sie heute eigentlich nicht", sinniert Nathanael Wirth. „Nur viel wacher sind sie geworden, aufgeschlossen. Anfänglich besuchte niemand von hier ein Gymnasium. Ich habe dann dafür gesorgt, dass talentierte Kinder ins Gymnasium gehen konnten. Heute ist es eine große Selbstverständlichkeit, dass Schüler aus St. Gerold auch in Wien studieren."

Und die, die in der Fremde studiert haben, kehren mittlerweile sogar zurück ins Große Walsertal. Zum Beispiel nach Blons, das nur wenige Kilometer östlich von St. Gerold liegt. Dort wohnt und arbeitet Otmar Ganahl, auch einer, der allerhand bewegt im Tal. Und während Nathanael Wirths gute Verbindungen bis in den Himmel reichen, sorgt Diplom-Ingenieur Ganahl dafür, dass die Menschen im Tobel nicht den Anschluss an die Welt verpassen.

Ganahl ist Software-Dienstleister und hat inzwischen keine Probleme mehr, auch internationale Spezialisten für seine Projekte zu interessieren. „Wer hier arbeitet, blickt aus dem Büro auf grüne Wiesen und Vieh oder auf verschneite Hänge. Und dennoch ist er zum nächsten Flugplatz nicht mehr viel länger unterwegs als in mancher Großstadt."

Eine wichtige Voraussetzung für die Ansiedlung moderner Firmen sind leistungsfähige Datenverbindungen, und genau die haben sich die Blonser in alter Tradition selbst geschaffen. „Früher wurden Genossenschaften gegründet, um einen Güterweg zu bauen oder eine Seilbahn, wir verlegten halt auf dieser Basis Glasfaserkabel", erklärt Otmar Ganahl. Damit haben die Blonser die besonders kritische „letzte Meile" entscheidend verbessert und die alten Kupferkabel der Post ersetzt, die für rasche Breitbandverbindungen nicht geeignet sind. Spezialisten der Universität Graz boten guten Rat, ein Regionalprogramm der EU übernahm einen Teil der Kosten. Und wo nicht sowieso bei Erdarbeiten das Glasfaserkabel gleich mitverlegt werden konnte, zog die Jugend im Dorf die erforderlichen Gräben.

Inzwischen sind rund 40 Haushalte, öffentliche Einrichtungen und kleine Betriebe ans Internet angeschlossen. Die schöne neue Welt ist angekommen im Großen Walsertal. Es war eine sanfte Landung. □

Alfons J. Kopf, *freier Autor in Vorarlberg, schrieb für dieses Heft auch den Beitrag „Vom suberen Ländle".*
Jens Küsters, *Fotograf in München, genoss insbesondere die absolute Ruhe im Großen Walsertal.*

Bildnachweis

Anordnung im Layout: o=oben, u=unten, r=rechts, l=links, m=Mitte.
Titel: Andri Pol; S. 3 lo Michael Müller, ro Arthur Selbach, lm Andri Pol, rm Nicolas Felder, u Richard Walch; S. 4/5 Walter von Bank/Vorarlberg Tourismus, S. 4 m, u Arthur F. Selbach, S. 5 lm Bruno Klomfar, rm Karl Forster/Bregenzer Festspiele, lu Richard Walch, ru Andri Pol; S. 6 Doppelmayr/Steinmaeder; S. 7 ro, lo Vorarlberg Tourismus, m Schröter/F1 ONLINE, u Jahreszeiten Verlag/Syndication; S. 8 o Arthur F. Selbach, u intermaps/Fürs & Zitt, S. 9 lo Arthur F. Selbach, ro Peter Mathis/Archiv Schubertiade GmbH, rm Andreas Riedmiller, u StockFood/AngieNorwood Browne; S. 12/13 Jens Küsters; S. 14/15 Helmut Häusle/Ländle Verlag/Vorarlberg Landschaft und Berge; S. 16, 17, 18/19, 21, 25 Arthur F. Selbach; S. 20 Kevin Artho/Vorarlberg Tourismus; S. 22/23 Richard Walch; S. 24 Markus Tretter/Kunsthaus Bregenz; S. 28/29 Richard Hörmann/Vorarlberg Tourismus, S. 30, 32/33, 34 Karl Forster/Bregenzer Festspiele, S. 31 o, u Andreas Gaßner/Vorarlberg Tourismus, S. 37 Achim Mende/Bregenzer Festspiele; S. 38/39 bis 49 Arthur F. Selbach; S. 50/51, 52 o Kunsthaus Bregenz/Foto: Markus Tretter; S. 52 u Jenny Holzer/Foto: Attilio Maranzano/VG-Bildkunst, Bonn 2006; S. 53 Kunsthaus Bregenz/Foto: SFH Bildkommunikation; S. 54 o miromedia.net; S. 54 u Kunsthaus Bregenz/Foto: Nic Tenwiggenhorn; S. 55 Kunsthaus Bregenz/Foto: Markus Tretter; S. 56 l Kunsthaus Bregenz/Foto: Markus Tretter; S. 56/57, 57 Rudolf Sagmeister/VG Bild-Kunst, Bonn 2006; S. 58/59 bis 69 Andri Pol; S. 70/71 Arthur F. Selbach, 71 Bruno Klomfar; S. 72 o, 75 Hans Peter Schiess, S. 72 m, u Thomas Drexel, S. 73, 74 Eduard Hueber, S. 77 o Foto Felder, m Craig Kuhner/Birkhäuser 2003, austria west tirol vorarlberg neue architektur; S. 77 u, 78 J. Ignacio Martinez/Vorarlberg Tourismus, S. 80 Bodensee Tourismus, S. 81 Picture Alliance/dpa; S. 84/85 bis 89 Andreas Riedmiller (bis auf S. 84 o, 84/85 Montafon Tourismus), S. 86 l Swim Ink 2, LLC/Corbis; S. 90/91 bis 97 Richard Walch; S. 100/101 bis 106 Jens Küsters; S. 109 Arthur F. Selbach; S. 110 Innsbruck, Tiroler Landesmuseum Ferdinandeum, S. 110/111 Arthur F. Selbach, S. 111 Otmar Heidegger/Pfänderbahn AG; S. 112 akg-images, S. 113 o , 114, 116 Arthur F. Selbach, S. 113 u Andri Pol; S. 114/115 Kevin Artho/Vorarlberg Tourismus; S. 118 Richard Walch; S. 120 Christoph Lingg/Bregenzer Wald Tourismus; S. 122/123 Deuring Schlössle, S. 123 u Michael Schwarzenbacher; S. 124 Gasthof Gams; S. 126 Georg Ganter, S. 127 Chesa Valisa; S. 128 Post Lech; S. 130 Arthur F. Selbach; S. 134 akg-images/Erich Lessing; S. 135 Planetobserver.com M-sat, S. 137 o Ludwig Berchtold, Andelsbuch, u Max Moosbrugger; S. 138 o Klaus Bossemeyer, lm Hans-Jürgen Ellerbrock, rm Walter Schmitz

Die Mädchen in der Walsertracht und mit Krone fotografierte Andri Pol

MERIAN

Heft 02/2007, Februar, Erstverkaufstag dieser Ausgabe ist der 25. 01. 2007
MERIAN erscheint monatlich im Jahreszeiten Verlag GmbH, Poßmoorweg 2, 22301 Hamburg
Tel. 040/27 17-26 00, Fax 040/27 17-26 28 **Anschrift der Redaktion:** Poßmoorweg 2, 22301 Hamburg
Postfach 130444, 20139 Hamburg, E-Mail: Redaktion@Merian.de, Tel. 040/27 17-0
Website: www.merian.de **Leserservice:** Postfach 601220, 22212 Hamburg
Tel. 040/87 97 35 40, Fax 040/27 17-20 79 **Syndication:** www.jalag-syndication.de
GourmetPictureGuide: Stefanie Lüken, Tel. 040/271 720 02, Fax 040/27 17 20 89, www.gourmetpictureguide.de

Herausgeber: Manfred Bissinger
Chefredakteur: Andreas Hallaschka
Art Directorin: Sabine Lehmann **Chef vom Dienst:** Tibor M. Ridegh
Redakteure: Roland Benn (freie Mitarbeit), Anja Haegele (freie Mitarbeit), Thorsten Kolle (freie Mitarbeit), Kathrin Sander, Charlotte von Saurma **Schlussredaktion:** Tibor M. Ridegh, Jasmin Wolf
Layout: Beke Jürgensen, Ingrid Koltermann, Dorothee Schweizer (stellv. Art Directorin)
Bildredaktion: Hanni Rapp, Eva M. Ohms, Lars Lindemann (freie Mitarbeit) **Redakteur dieses Heftes:** Thorsten Kolle
Bildredakteure dieses Heftes: Eva M. Ohms, Lars Lindemann, Petra Mellmann (freie Mitarbeit)
Kartographie: Peter Münch **Dokumentation:** Jasmin Wolf, Sebastian Schulin (freie Mitarbeit)
Andrea Wolf (freie Mitarbeit) **Mitarbeit:** Helmut Golinger, Susanne Strätz
Herstellung: Karin Harder **Redaktionsassistenz:** Sabine Birnbach, Katrin Eggers
Geschäftsführung Premium Magazine: Peter Rensmann **Verlagsleitung Premium Magazine:** Oliver Voß
Group Head Anzeigen Premium Magazine: Roberto Sprengel **Anzeigenleitung:** Christel Janßen
Anzeigenstruktur: Patricia Hoffnauer **Marketing:** Kenny Machaczek, Ulrich Rieger, Sonja Wünkhaus
Vertriebsleitung: Jörg-Michael Westerkamp (Zeitschriftenhandel), Frank H. Häger (Buchhandel)
Verantwortlich für den redaktionellen Inhalt: Andreas Hallaschka
Verantwortlich für Anzeigen: Roberto Sprengel

Verlagsbüros Inland:
Hamburg: Tel. 040/27 17-25 95, Fax -25 20, E-Mail: vb-hamburg@jalag.de
Berlin: Tel. 030/80 96 23-60, Fax -70, E-Mail: vb-berlin@jalag.de
Hannover: Tel. 0511/85 61 42-0, Fax -19, E-Mail: vb-hannover@jalag.de
Düsseldorf: Tel. 0211/901 90-0, Fax -19, E-Mail: vb-duesseldorf@jalag.de
Frankfurt: Tel. 069/97 06 11-0, Fax -44, E-Mail: vb-frankfurt@jalag.de
Stuttgart: Tel. 0711/966 66-520, Fax -22, E-Mail: vb-stuttgart@jalag.de
München: Tel. 089/99 73 89-30, Fax -44, E-Mail: vb-muenchen@jalag.de

Repräsentanzen Ausland:
Basel: Intermag AG, Tel. +4161/275 46-09, Fax -10, E-Mail: info@intermag.ch
London: The Powers Turner Group, Tel. +44 20/7630 99 66 Fax 76 30 99 22, E-Mail: cweiss@publicitas.com
Mailand: Media & Service International Srl, Tel. +39 02/48 00 61 93, Fax 48 19 32 74, E-Mail: info@it-mediaservice.com
Paris: International Magazine Company, Tel. +331/53 64 88 91, Fax 45 00 25 81, E-Mail: imc@international.fr
Madrid: Alcála Media International Media Representation, Tel. +34 91/326 91 06, Fax -07, E-Mail: alcalamedia@retemail.es
Wien: Publimedia Internationale Verlagsvertretungen GmbH, Tel. +43 1/21530, Fax 2121602, E-Mail: ppn-vienna@publicitas.com
New York: The Russell Group Ltd., Tel. +12 12/213 11-55, Fax -60, E-Mail: info@russellgroupltd.com

Die Premium Magazin Gruppe im Jahreszeiten Verlag

A&W Architektur & Wohnen | COUNTRY | DER FEINSCHMECKER | WEIN Gourmet | MERIAN

Gültige Anzeigenpreisliste: Nr. 38

Preis im Abonnement im Inland monatlich 6,37 € inklusive Zustellung frei Haus. Der Bezugspreis enthält 7 % Mehrwertsteuer. Auslandspreise auf Nachfrage. Postgirokonto Hamburg 132 58 42 01 (BLZ 200 100 20)
Commerzbank AG, Hamburg, Konto-Nr. 611657800 (BLZ 200 400 00)
Führen in Lesemappen nur mit Genehmigung des Verlages. Printed in Germany

Weitere Titel im Jahreszeiten Verlag: Für Sie, petra, vital, PRINZ, A&W Architektur & Wohnen, COUNTRY, DER FEINSCHMECKER, WEINGourmet, schöner reisen, ZUHAUSE WOHNEN, selber machen
Litho: Alphabeta Druckformdienst GmbH, Hamburg. Druck und Verarbeitung: heckel GmbH, Nürnberg,
ISBN: 978-3-8342-0702-9, ISSN 0026-0029 MERIAN (USPS No. 011-458) is published monthly.
The subscription price for the USA is $ 110 per annum. K.O.P.: German Language Publications, Inc., 153 South Dean Street, Englewood NJ 07631. Periodicals postage is paid at Englewood NJ 07631, and at additional mailing offices. Postmaster: send address changes to: MERIAN, German Language Publications, Inc. 153 South Dean Street, Englewood NJ 07631.

JAHRES ZEITEN VERLAG
Ein Unternehmen der GANSKE VERLAGSGRUPPE

100 JAHRE GANSKE VERLAGSGRUPPE

TEXTE **Gerald Drißner** REDAKTIONSSCHLUSS **Dezember 2006**

MERIAN

SEHENSWERT KULTUR ESSEN+TRINKEN ÜBER NACHT LITERATUR AKTIV GESCHICHTE

TOP TIPPS Was Sie in Vorarlberg nicht versäumen sollten:

✱ **Silvretta-Hochalpenstraße im Montafon** Die 22 Kilometer lange Gebirgsstraße zählt zu den schönsten Straßen der Alpen. Sie verbindet Vorarlberg mit Tirol.

✱ **Bregenzer Festspiele und Seebühne** Diese Bühne ist das kulturelle Wahrzeichen Vorarlbergs. Bei den Operninszenierungen bietet der Bodensee prachtvolle Kulissen.

✱ **Kunsthaus in Bregenz** Das KUB ist ein Ausstellungshaus für internationale zeitgenössische Kunst. Der Würfel aus Glas wurde vom Architekten Peter Zumthor entworfen.

✱ **Lünersee im Brandnertal** Die mächtigen Wände der nördlichen Kalkalpen bilden einen der imposantesten Talabschlüsse. Der See ist einer der größten Vorarlbergs.

✱ **Altstadt Feldkirch mit Schattenburg** Die um 1200 von Graf Hugo I. von Montfort gegründete Stadt hat ihr mittelalterliches Stadtbild mit Laubengängen bewahrt.

✱ **Rappenlochschlucht bei Dornbirn** Gesicherte Wege und Stege machen die wohl schönste Schlucht der Ostalpen, das Rappenloch, für Wanderer gut zugänglich.

✱ **Muttersberg bei Bludenz** Der Sonnenbalkon des Vorarlberger Südens. Eine neue Gondelbahn führt auf 1400 Meter Seehöhe. Von oben hat man einen wunderbaren Blick auf die Silvretta.

✱ **Heli-Skiing am Arlberg** Das Erlebnis einer Abfahrt durch unberührte Tiefschneehänge ohne anstrengenden Aufstieg hat man nur beim Heli-Skiing.

✱ **inatura – Naturschau Dornbirn** Was ist eine Dornbirne? Keine Stadt in Vorarlberg, sondern eine Obstsorte. In der Naturschau in Dornbirn erfahren Sie alles über Flora und Fauna.

✱ **Propstei St. Gerold** Mitten im Großen Walsertal gelegen, ist die Propstei nicht nur religiöses, sondern auch kulturelles Zentrum. Wer Ruhe sucht, kann hier auch übernachten.

Ein Steg mit Pavillon führt an der Bregenzer Uferpromenade hinaus in den Bodensee

Foto: Arthur F. Selbach

Die Bodensee-Uferpromenade in Bregenz strahlt in lauer Abendstunde südliches Flair aus

MERIAN | KUNSTSZENE

Star aus dem Wald

Auch Goethe hielt den Kopf hin für die Vorarlberger Porträtistin Angelika Kauffmann

Angelika Kauffmann (1741-1807) zählt zu den berühmtesten Vorarlbergern. Die **Bregenzerwälderin** war ein Star der Kunstszene. Sie schuf Porträts und Historienbilder, ihre einfühlsamen Werke sind geprägt vom Rokoko, später auch vom klassizistischen Stil. Angelika Kauffmann wurde im schweizerischen Chur geboren, nach dem Tod ihrer Mutter zog sie zusammen mit ihrem Vater in dessen Heimat Schwarzenberg im Bregenzerwald. Ihre ersten Werke waren Fresken, später, als sie nach Italien ging, malte sie Porträts von Johann Wolfgang von **Goethe** (1787) und Johann Gottfried **Herder** (1791), zu denen sie enge freundschaftliche Kontakte pflegte. **1792** malte sie ihr wohl bedeutendstes Selbstbildnis: „Scheideweg zwischen Musik und Malerei“. Es ist im Puschkin-Museum in Moskau zu sehen. Von **1766** bis **1781** arbeitete die Künstlerin in London, dort begegnete sie dem englischen Maler Joshua Reynolds. **1768** war sie das einzige weibliche Gründungsmitglied der **Londoner Royal Academy.** Angelika Kauffmann starb **1807** und ist wie ihr Ehemann, der venezianische Maler **Antonio Zucchi** (1726-1795) in der römischen Kirche Sant'Andrea delle Fratte begraben. Zur Erinnerung an ihren Tod vor 200 Jahren finden **2007** zahlreiche Veranstaltungen statt. Eine große Ausstellung wird im **Angelika-Kauffmann-Museum in Schwarzenberg** zu sehen sein, mit Werken der Künstlerin, die es zur gesuchten Porträtistin von Königen brachte und zur Freundin vieler aus der geistigen Elite ihrer Zeit.

Angelika Kauffmann: Selbstporträt in der Tracht einer Bregenzerwälderin von 1781

Angelika-Kauffmann-Museum
(D 4) Schwarzenberg, Brand 34, Tel. (055 12) 29 88
www.angelika-kauffmann.com
Mai-Sept.: Di, Do, Sa, So 14-16 Uhr. Während der Schubertiade tgl. 14-16 Uhr; 3 €.
Sonderausstellungen 14. Juni bis 5. November 2007

BODENSEE-VORARLBERG
Bregenz

(c 1/2) **Kunsthaus KUB**
Schon aufgrund der Architektur einen Besuch wert. Ein schimmerndes Schuppenkleid aus Glas, das je nach Lichteinfall unterschiedlich schimmert. Bei Nacht leuchtet das Gebäude und ist schon von weitem zu sehen. Der Glasquader im Zentrum der Landeshauptstadt wurde 1997 vom Schweizer Stararchitekten Peter Zumthor entworfen. Das Kunsthaus war nicht nur der erste größere Museumsbau Österreichs seit mehr als 100 Jahren, es war auch das erste Museum ohne Klimaanlage – die Temperatur wird über ein ausgeklügeltes Wassersystem in den Mauern geregelt. Hier finden regelmäßig Ausstellungen mit Werken von zeitgenössischen heimischen und internationalen Künstlern statt.
Karl-Tizian-Platz
Tel. (055 74) 48 59 40
www.kunsthaus-bregenz.at
Di-So 10-18 Uhr
Do bis 21 Uhr
7 €, Kinder 1,50 €

(a 1) **Seebühne**
Vielleicht ist diese Bühne das Wahrzeichen Vorarlbergs, denn neben dem Skifahren verbindet man mit dem Ländle vor allem eines: die Bregenzer Festspiele, deren Geschichte 1946 begann. Setzen Sie sich ganz oben in die Mitte der Bühne und beobachten Sie, wie die Sonne im Bodensee versinkt. Die größte Seebühne der Welt hat Platz für 7000 Zuschauer.
Festspielhaus
Tel. (055 74) 40 76
www.bregenzerfestspiele.com
Die Tribüne ist ganzjährig geöffnet, Führungen während der Festspielzeit tgl. 11, 14, 16 Uhr

(c 3) **Martinsturm**
Der Martinsturm ist das älteste Barockbauwerk am Bodensee, erbaut zwischen 1599 und 1602. Ihn krönt die größte Turmzwiebel Mitteleuropas. Ursprünglich diente der Turm als Getreidespeicher, später als Beobachtungswarte; heute ist er Sitz eines militärhistorischen Museums. Dort sind die kriegerischen Auseinandersetzungen um und in Vorarlberg dokumentiert, ebenso die Zeit des Nationalsozialismus.
Martinsplatz
Tel. (055 74) 466 32
Ostern bis Mitte Oktober
Di-So 9-18.30 Uhr
1 €, Kinder 50 Cent

(b/c 2) **Vorarlberger Landesmuseum**
Ein spannender Leitfaden durch über 2000 Jahre Geschichte und Kunst der Stadt und der Region. Das VLM liegt zwischen See und Innenstadt, in Nachbarschaft zum Landestheater und Kunsthaus. Es ist eines der ältesten Museen des Bodenseeraums und beherbergt eine umfangreiche Sammlung: Funde aus der Frühzeit über die Römer- bis zur Neuzeit, Künstlerarbeiten z. B. von Wolf Huber, Angelika Kauffmann und Rudolf Wacker. Sonderausstellung zum Angelika-Kauffmann-Gedenkjahr ab 13. Juni 2007.
Kornmarktplatz 1
Tel. (055 74) 460 50
www.vlm.at

Die großen Lettern (L 3) beziehen sich auf die MERIAN-Karte auf S. 131

Di-So 9-12 und 14-17 Uhr, im Sommer durchgehend und während der Festspiele auch montags geöffnet
2 €, Kinder 1 €

(c 1) Bodenseeschiffe

„Schwäbisches Meer" sagen sie auf der anderen, der deutschen Seite. Die Vorarlberger sprechen schlicht vom „Bodasee". Der See hat eine Uferlänge von 273 Kilometern, davon entfallen auf Deutschland 173 km, 72 km auf die Schweiz und 28 km auf Vorarlberg. Von April bis Oktober fahren die Schiffe der Bodenseeflotte von Bregenz nach Lindau, nach Friedrichshafen und zur Blumeninsel Mainau. Fahrräder können mit an Bord genommen werden, sofern Platz ist.
Seestraße 4
Tel. (055 74) 428 68
www.bodenseeschifffahrt.at
Bregenz–Lindau: 20 Minuten, 4,20 €
Bregenz–Friedrichshafen: 105 Minuten; 10,20 €
Bregenz–Mainau: 210 Minuten; 12 €

(C 3/4) Dornbirn

Karren

Wie ein Felsvorsprung ragt das Panoramarestaurant auf dem Karren über den Abgrund hinaus. Wer auf dem 971 Meter hohen Hausberg der Dornbirner abends essen geht und dabei erleben kann, wie die Sonne untergeht, weiß, wie Alpenglühen wirklich aussieht. Der Karren ist ein guter Ausgangspunkt für Wanderungen. Der Stadtbus (Linie 5) fährt ab dem Bahnhof im Halbstundentakt zur Talstation.
Gütlestraße 6
Tel. (055 72) 221 40
www.karren.at
Seilbahnbetrieb: So-Do 9-23 Fr und Sa bis 24 Uhr; im Winter tgl. ab 10 Uhr; Berg- und Talfahrt: 8,70 €, Kinder 4,40 € (abends 5,70/2,80 €) Das Panoramarestaurant ist im Sommer ab 9 Uhr geöffnet, im Winter ab 10 Uhr

Rolls-Royce-Museum

Der Museumsinhaber ist ein Liebhaber von noblen Wagen und wollte seine Sammlerstücke nicht nur für sich behalten. Deshalb befindet sich in einem Spinnereigebäude aus dem Jahr 1862 eine große Rolls-Royce-Sammlung. Auf drei Etagen sind Phantom-Modelle aus den 20er und 30er Jahren, der Paradewagen der Queen, der Tourenwagen von König Georg V. und Fahrzeuge von Ali Khan und John Lennon ausgestellt.
Gütle 11
Tel. (055 72) 526 52
www.rolls-royce-museum.at
April-Okt. Di-So 10-18 Uhr, Nov.-März Di-So 10-17 Uhr; 8 €, Kinder: 4 €

Naturschau Inatura

Bodenseequalle, beifußblättrige Ambrosie, alte Obstsorten wie die Dornbirne – hier erwartet Sie eine Ausstellung mit mehr als 150 Exponaten über die Natur Vorarlbergs, mit lebensechten Ausstellungsstücken, 3D-Filmen und Experimenten, die auch von Kindern durchgeführt werden können.
Jahngasse 9
Tel. (055 72) 232 35
www.inatura.at
tgl. 10-18 Uhr; 9 €, Kinder 4,50 €

Wochenmarkt

Der größte Wochenmarkt des Landes findet mittwochs und samstags auf dem Marktplatz statt. Von 8 bis 12 Uhr, samstags bis 12.30 Uhr, bieten die Bauern Obst und Gemüse aus Vorarlberg an, aber auch regionale Spezialitäten, Wurst und Käse. Von April bis Oktober gibt es jeden ersten Samstag im Monat den Delikatessenmarkt in der Dornbirner Innenstadt.
Marktstraße
www.dornbirn.at

(A/B 5) Feldkirch

Katzenturm

Graf Hugo I. von Montfort gründete um 1190 die Stadt Feldkirch im Rheintal. Das mittelalterliche Stadtbild mit Laubengängen, Toren und Türmen ist erhalten geblieben. Der Katzenturm (1491-1507) ist ein Relikt der ehemaligen Stadtbefestigung. Eine Treppe führt hinauf zur Glockenstube, in der die größte Glocke Vorarlbergs hängt. Sie hat einen Durchmesser von 2,38 Meter und ein Gewicht von 7,5 Tonnen. Woher der Name Katzenturm kommt,

MERIAN | TIPP

Geier über dem Pfänder

In sechs Minuten geht es mit der Seilbahn zum berühmtesten Aussichtspunkt des Landes auf 1064 Meter. Der Pfänder bietet den besten Blick auf den Bodensee und auf 240 Alpengipfel. Der Berg ist ideal für eine leichte Wanderung vom Gipfel aus. An der Bergstation befinden sich zahlreiche Restaurants. Es kann gut sein, dass Sie am Himmel ein Tier mit einer Flugspannweite von 2,5 Metern sehen: Die Geier am Pfänder gehören mit den Adlern, Milanen, Uhus und Falken zu einer speziellen Flugschau. Die Falkner erzählen über die Lebensgewohnheiten und Verhaltensweisen der Greifvögel und so manche Geschichte, die sie mit ihnen erlebt haben. Etwa die vom schnitzelstehlenden Milan oder die von der Geierdame Lotte, die so gern Auto fährt.
(c 2) Bregenz, Steinbruchgasse 4, Tel. (055 74) 42 16 00
www.pfaender.at
Mai-Sept. tgl. 11-14.30 Uhr, Berg- und Talfahrt: 10,20 €, Kinder: 5,10 €. Die Seilbahn auf den Pfänder fährt im Halbstundentakt (in Spitzenzeiten öfter). Die Talstation ist vom Bahnhof Bregenz in 15 Minuten zu Fuß erreichbar, vom Schiffshafen in fünf Minuten

Den schönsten Ausblick auf den Bodensee genießt man aus einer Panoramagondel der Pfänderbahn oberhalb von Bregenz

Schattenburg im Scheinwerferlicht: die 800 Jahre Festung über den Dächern von Feldkirch

MERIAN | TIPP

Der schreibende Bauernsohn

Der Bauernsohn Franz Michael Felder (1839-69) lebte in Schoppernau. Felder war Vorarlbergs bedeutendster Dichter des 19. Jahrhunderts und wurde berühmt für seine sozialkritischen Romane und Erzählungen („Reich und Arm", „Sonderlinge", „Nümmamüllers und das Schwarzokaspale"). Sein Werk „Aus meinem Leben" zählt bis heute zu den wichtigen Autobiographien der deutschsprachigen Literatur. Als er mit nicht einmal 30 Jahren starb, hatte Felder – zum Missfallen des örtlichen Klerus – eine Volksbücherei für die Dörfer organisiert und – zum Missfallen des örtlichen Käsemonopolisten – eine kollektive Sennereinutzung für die Kleinbauern eingeführt (s. S. 49). Im Obergeschoss des neuen Kultur- und Geschäftshauses im Dorfzentrum ist das Franz-Michael-Felder-Museum untergebracht. Eine Leuchtwand zeigt Felders Leben und Werk durch Zitate und Bilder. Im Sommer werden Wanderungen zu seinem Wohnhaus, aufs Vorsäss und an Felders Grab angeboten.

(E 5) Schoppernau, Unterdorf 2b
Tel. (055 15) 24 95
www.felderverein.at
Mo 16-18 Uhr, Do 9-11 Uhr, Fr 17-19 Uhr, So 10-12 Uhr
Eintritt frei

Franz Michael Felder auf einem Holzstich von 1869

bleibt Spekulation. Eine lautet: Die Kanonen im alten Wehrturm waren mit Katzenköpfen als Zieleinrichtung versehen. Die Feldkircher Altstadt mit mehr als 240 Häusern steht seit 1995 unter Denkmalschutz.
Herrengasse 18
Tel. (055 22) 734 67

Dom St. Nikolaus

Von außen ein unscheinbarer Bau, doch das Innere macht diese spätgotische Kirche zur schönsten Vorarlbergs. Die Kanzel ist ein Meisterwerk der Kunstschmiedearbeit des 16. Jahrhunderts. Der heutige Chorraum entstand um 1520, das „Beweinungsbild" des Feldkircher Malers Wolf Huber, der ein bekannter Vertreter der Donauschule ist, im 15. Jahrhundert. In der Marienkapelle steht eine Madonnenfigur aus Steinguss von 1430. Das Kirchenfenster mit dem Bildnis des heiligen Gebhard wurde 1995 anlässlich des 1000. Todestages des Heiligen auf einer 7-Schilling-Briefmarke abgebildet.
Domplatz 2
Tel. (055 22) 734 67

James-Joyce-Passage

James Joyce (1882-1942), der Autor von „Ulysses", wohnte vom 10. August bis zum 8. September 1932 mit seiner Frau Nora und den Freunden Maria und Eugene Jolas im Hotel „Löwen" in Feldkirch. Die Passage neben dem Hotel ist seit 2004 nach dem irischen Autor benannt. Jeden Abend ging er zur Ankunft des Wien-Paris-Expresses vom Hotel zum Bahnhof. Dort sagte er eines Tages zu Eugene Jolas: „Dort drüben auf den Schienen wurde 1915 das Schicksal des ‚Ulysses' entschieden." Damit spielte er auf Ereignisse kurz nach der Kriegserklärung Italiens an, als er mit seiner Familie auf der Durchreise von Triest nach Zürich war. Am Grenzbahnhof Feldkirch musste Joyce befürchten, wie sein Bruder als Angehöriger einer feindlichen Nation interniert zu werden. Während seines zweiten Aufenthaltes in Feldkirch arbeitete James Joyce an „Finnegans Wake", in dem sich lokale und sprachliche Bezüge zu Feldkirch finden.
Neustadt 19
Tel. (055 22) 734 67

(B 4) Hohenems

Jüdisches Museum und jüdisches Viertel

Von 1617 bis 1938 gab es in Hohenems eine jüdische Gemeinde. Ihr ehemaliges Wohnviertel am nördlichen Stadtrand wird schrittweise restauriert. In der Rosenthalvilla ist heute das Büro der Schubertiade, in der Villa Heymann-Rosenthal ist das Jüdische Museum untergebracht, das das Leben der Juden in Hohenems, die regionale NS-Geschichte und die jüdische Gegenwart thematisiert. Der jüdische Friedhof befindet sich am Hang des Schwefelberges, die Grabsteine stammen aus der Biedermeierzeit, die Formen sind neugotisch.
Schweizer Straße 5
Tel. (055 76) 73 98 90
www.jm-hohenems.at
Di-So 10-17 Uhr; 5 € (Kinder bis 12 Jahre frei). Der jüdische Friedhof ist geschlossen, kann aber besichtigt werden, der Schlüssel ist im Museum erhältlich

Renaissancepalast

Dieser „Palast" wurde 1562 im Auftrag von Kardinal Markus Sittikus nach den Plänen des Italieners Martino Longo erbaut. In der Bibliothek des Schlosses wurden zwei Handschriften des Nibelungenliedes gefunden – sie werden heute in der Hofbibliothek in Donaueschingen aufbewahrt. Der Innenhof mit Renaissancedekor ist ein beliebter Ort für Veranstaltungen und kann besichtigt werden. Heute befindet sich das Schloss im Privatbesitz der Grafenfamilie Waldburg-Zeil.
Schlossplatz 8
Tel. (055 76) 427 80
www.palast-hohenems.at
Führungen für Gruppen nach Voranmeldung möglich

Stoffels Sägemühle

Vor dem Haus, das ein Museum ist, stehen eine wasserradgetriebene Mühle und eine Säge, innen befinden sich Müllereimaschinen aus der Zeit von 1880 bis heute. Demonstriert werden alte Mühlentechniken und die computergesteuerte Müllerarbeit der Gegenwart. Alois Amann, der wie seine Vorfahren die Sägerei und Müllerei betrieb, hat das Museum in den achtziger Jahren in Kleinarbeit aufgebaut.
Sägerstraße 11
Tel. (055 76) 724 34
www.museum-stoffels-saege-muehle.at
Apr.-Okt. tgl. 9-18 Uhr; 2,20 €, Kinder 1,10 €

Ruine Alt-Ems

Auf 740 m Höhe, 300 m über dem Rheintal, sind die Reste einer der größten Burganlagen Mitteleuropas zu besichtigen. Die Burg hatte eine Länge von 800 und eine Breite von 85 Metern und war mit sieben Toren und einer Zugbrücke gesichert. Im Burghof ist der Konradsbrunnen zu sehen. Einer Sage nach soll der spätere Bischof und Heilige Konrad von Konstanz als Knabe beim Bau der Burg den Arbeitern Wasser gebracht haben, das er in eine Grube goss. Daraus wurde ein immerzu sprudelnder Brunnen. Der Weg zur Ruine ist eine leichte Wanderung: Vom Hohenemser Schlossplatz gehen Sie in die Burgstraße und zweigen zwischen dem Haus Burgstraße 11 und einer Wohnanlage links ab. Am Berghang sehen Sie eine Metallstiege und die Wegweiser zur Ruine und zum Aussichtspunkt „Gsätzle", von dort hat man den besten Ausblick.
Schlossplatz
Tel. (055 76) 427 80
Ausgangspunkt: Schlossplatz/Kirche, Aufstieg ab Burgstraße. Gehzeit: ca. 45 Minuten

BREGENZERWALD

(E 5) Au

Naturerlebnis Holdamoos
In einer windgeschützten Mulde, umgeben von Bäumen und Sträuchern, wurde eine Vorsässhütte originalgetreu wiedererrichtet. Rund um die Hütte wurde ein Alpen- und Heilkräutergarten angelegt, in dem mehr als 200 heimische Pflanzen wie das Bodensee-Vergissmeinnicht oder die Arnikablüte wachsen. Sie wurden an ihren bevorzugten natürlichen Standorten gepflanzt und sind mit Erklärungen versehen. Es gibt einen Kneippbrunnen und einen Kraftplatz. Auf Schildern werden Natur und bäuerliches Leben erklärt. Im Holdamoos kann man auch grillen. Der Weg hierher: zu Fuß von Au-Rehmen oder vom Parkplatz der Diedamskopfbahn in Schoppernau, jeweils 15 Minuten auf familien- und kinderwagengerechten Wanderwegen.
Argenau 376
Tel. (055 15) 22 88
www.au-schoppernau.at
Eintritt frei. Hütte: Mai-Okt. und Jan.-Apr. Fr 14-16 Uhr, in der Hauptsaison auch Mi 14-16 Uhr. Der Park ist ganzjährig und ganztägig geöffnet

(E 3) Hittisau

Frauenmuseum
Das einzige Frauenmuseum Österreichs befasst sich mit Geschichte und Leben der Frauen im Bregenzerwald. Regelmäßig finden Sonderausstellungen statt, über Hexen, Kopftuch, die heimische Tracht usw. Auf der Wiese vor dem Museum befindet sich die Klanginstallation „Hydra" des Vorarlberger Komponisten Gerold Amann. Öffnungszeiten und Eintrittspreise können sich je nach Ausstellung ändern.
Platz 501
Tel. (055 13) 62 09 30
www.frauenmuseum.com
Fr, Sa 16-18, So 14-18 im Winter: Fr, Sa 15-17 Uhr, So 14-17 Uhr; 3,50 €

KLEINWALSERTAL

(F 4) Hirschegg

Bergschau im Walserhaus
Eine Ausstellung zum Thema Steine und Gebirge. Besonders sehenswert sind die Steinzeitfunde, die im Kleinwalsertal gemacht wurden (z. B. eine Feuerstelle) und das interaktive 3D-Talmodell, bei dem man den Sonnenauf- und -untergang beobachten kann.
Dorfplatz
Tel. (055 17) 511 40
www.bergschau.com
Mo-Sa 8-19, So-und Feiertage 8-16 Uhr, Eintritt frei

(F 5) Mittelberg

Sühnekreuze
Unterhalb der Pfarrkirche St. Jodok, neben der Walmendingerhornbahn und am Fußweg nach Bödmen stehen drei Steinkreuze aus dem 14. bis 16. Jahrhundert. Diese Sühnekreuze mussten damals nach Mord oder Totschlag zur Strafe eigenhändig am Tatort aus Stein gemeißelt und aufgerichtet werden. Dieses Kreuz und noch zwei weitere wurden vermutlich von einem Mann errichtet, der mit seinen drei Brü-

MERIAN | TIPP

Das Wahrzeichen von Feldkirch

Wer nach Feldkirch aus Richtung Bludenz mit dem Auto fährt, sieht kurz vor der Innenstadt auf einem Hügel eine kleine Festung. Die Schattenburg ist das Wahrzeichen der Stadt Feldkirch. Graf Hugo I. von Montfort ließ sie im 13. Jahrhundert bauen. Nach dem Dreißigjährigen Krieg verlor sie an militärischer Bedeutung und wurde in verwahrlostem Zustand 1813 an die Stadt verkauft. Bis 1914 war die Schattenburg eine Zufluchtsstätte für arme Familien, heute befindet sich hinter den dicken Steinmauern ein Heimatmuseum. Folterinstrumente, Zwinger und Schwerter zeigen, dass die Vorarlberger im Mittelalter auch nicht anders lebten als die Menschen anderswo. Von der Burg hat man den schönsten Blick auf die Dächer Feldkirchs.
(A/B 5) Feldkirch, Burggasse 1
Tel. (055 22) 719 82
www.schattenburg.at
Jan-März, Mo-Fr 13.30-16 Uhr, Wochenende und Feiertage 11-16 Uhr. April-Okt, Mo-Fr 9-12 Uhr und 13.30-18 Uhr, Wochenende und Feiertage 9-18 Uhr. 3 €, Kinder: 1 €

Das Sühnekreuz an der Kirche von Mittelberg erinnert an eine Bluttat

MERIAN | PANORAMA

32 Kurven aufwärts

Die Silvretta-Hochalpenstraße im Montafon

Sie zählt zu den schönsten Panoramastraßen der Alpen, ist 22 Kilometer lang und hat 32 Serpentinen mit Steigungen von bis zu 14 Prozent. Errichtet wurde sie 1954 zum Bau der Stauseen. Die an ihr gelegenen Gebirgsorte Gaschurn und Partenen bilden mit über 177 Quadratkilometern die größte Gemeinde des Bundeslandes – alle Berge Vorarlbergs mit mehr als 3000 Metern Höhe liegen in diesem Gebiet. Die Straße verbindet Vorarlberg mit dem Tiroler Paznauntal. Eine Rast bietet sich nach etwa 20 Kehren am Vermunt-Stausee (1743 m) an, wo sich die Baumgrenze befindet. Der Blick auf die Bergwelt der Silvretta ist phantastisch. Auf der Passhöhe, auf 2032 Metern (Bielerhöhe), steht das Hotel Silvretta-Haus, das mit mehreren Architekturpreisen ausgezeichnet wurde. Hier oben kann man das herrliche Bergpanorama der Silvretta-Gruppe genießen, mit dem Piz-Buin, dem höchsten Berg Vorarlbergs (3312 m). Der Silvrettasee ist Europas höchst gelegener Stausee mit Motorbootverkehr (Rundfahrt: 4,20 Euro). Der östlich des Sees liegende Teil der Silvretta-Hochalpenstraße liegt in Tirol und endet in Wirl bei Galtür. Von Galtür kann man über Landeck und den Arlbergpass nach Vorarlberg zurückfahren; bis nach Bludenz sind es etwa 55 Kilometer. Die Passstraße ist mautpflichtig (11,50 Euro für einen Pkw), geöffnet ist sie von Ende Juli bis zum Wintereinbruch.

Im luftigen Auto auf luftiger Höhe im Montafon

Silvretta Hochalpenstraße, Partenen
Mautstelle am Ortsende von Partenen (F 9). Tourismusbüro Partenen, Tel. (055 58) 83 07, www.silvretta-bielerhoehe.at

cern in Bödmen nach einem Trinkgelage in einen handfesten Streit geraten war. Der erste Bruder wurde an der Sonnhalde in Bödmen getötet. Das Sühnekreuz steht dort am Wegrand. Der zweite fand hier auf dem Kirchbühl den Tod und der dritte bei einem Holzschuppen nahe dem Café Behringer.
Kirchbühl
Tel. (055 17) 511 40
www.kleinwalsertal.com
ganzjährig zugänglich

ALPENREGION BLUDENZ

(C/D 7) Bludenz

Mittelalterliches Zentrum
Die 14 000-Einwohner-Stadt mit dem historischen Stadtkern hat enge kopfsteingepflasterte Straßen wie die Sturnengasse, die Mühlgasse und die Rathausgasse. In der Fußgängerzone gibt es viele Laubengänge, die die Innenstadt fast zu einem überdachten Shoppingcenter machen. Das Wahrzeichen von Bludenz ist die Stadtpfarrkirche St. Laurentius mit einem 50 Meter hohen Zwiebelturm. Wer die Stadtmitte verlässt, spaziert durch eines der zwei Stadttore, Relikte aus dem 13. Jh., als Graf Hugo I. von Werdenberg die Stadt gründete. Das rosafarbene Barockschloss Gayenhofen, 1745 auf einem Hügel erbaut, war die Residenz des Vogts. Heute ist Gayenhofen das Amtsgebäude der Bezirkshauptmannschaft (Landkreisverwaltung) Bludenz.
Werdenbergerstraße
Tel. (055 52) 621 70
www.bludenz.at

Muttersberg
Der Muttersberg ist der Sonnenbalkon des Vorarlberger Südens. Eine 2003 modernisierte Gondelbahn führt auf 1400 Meter Höhe, von dort sieht man auf die Bergwelt des Rätikon und der Silvretta. Wer nicht mit der Bahn zurück ins Tal fahren möchte, kann auf einem gut ausgebauten Spazierweg nach Bludenz wandern.

Kleine Stadt aus großer Höhe bei Bürs: Bludenz am Eingang zum Großen Walsertal

Hinterplärsch
Tel. (055 52) 680 35
www.muttersberg.at
Gondelbahn: Ende Nov.-Dez. tgl. 9.30-17.30, Jan.-Mitte Apr. Mi-So 9.30-17 Uhr, Mai-Okt. tgl. 9-18 Uhr; Berg- u. Talfahrt 10,20 €, Kinder 6,40 €

(C 7/8) Brand

Lünersee
Mit ihren Trockenschuttflächen und Moränenwällen bilden die nördlichen Kalkalpen den Talabschluss des Brandnertals. Die verschiedenen Gesteine haben sich in 200 Millionen Jahren gefaltet und geschichtet. In 1970 Meter Höhe liegt der Lünersee, einer der schönsten Alpenseen, den man mit der Lünerseebahn erreichen und auf einem zweistündigen Spaziergang umrunden kann. Belohnt wird man mit einer wunderbaren Sicht auf die Gletscher des Brandnertals und die Bergwelt des Klostertals, Montafons und Walgaus. Auf halber Strecke bietet sich eine Rast bei der bewirtschafteten Lünerseealpe an (geöffnet Juli-Sept.). Am See liegt auch die Douglashütte des Österreichischen Alpenvereins, im Selbstbedienungsrestaurant gibt es leckeren, selbstgebackenen Apfelkuchen.

Schattenlagant
Tel. (055 56) 724 44
www.luenerseebahn.at
Seilbahn: Ende Mai bis Anf. Okt. halbstündl. ab 8, letzte Bergfahrt: 16.55, letzte Talf.: 17 Uhr, Pause 12.20-13 Uhr; Berg- u. Talfahrt: 8,50 €, Kinder 5,10 €

(C 7) Bürs

Bürser Schlucht

Die tiefe Mulde inmitten grüner Wälder ist ein eiszeitliches Naturwunder. Hierher spülten die Bäche Tonnen von Gestein, gingen Gerölllawinen ab, in Vorarlberg „Muren" genannt. Der Schesa-Murbruch in Bürs ist der größte Europas und zum Teil begehbar. Heute wird hier Kies abgebaut. Das Naturdenkmal „Kuhloch" ist eine enge, trockengelegte Klamm in der Bürser Schlucht, in der Rinnen aus Kalktuff zu sehen sind.
Dorfplatz 4
Tel. (055 52) 626 17
Ein geologischer Lehrpfad führt durch das Gebiet, Gehzeit: 3 Std. Juli u. Aug. wöchentlich kostenlose Führungen

(C 7) Bürserberg

Steinkreise Tschengla

Als hätte sie ein Riese hingeworfen, liegen kleine und große Steine auf der Wiese. Bis heute ist die Bedeutung dieser megalithischen Steinkreise auf dem Hochplateau Tschengla nicht bekannt. Die astronomische Ausrichtung deutet auf eine gigantische Kalenderanlage aus der Jungsteinzeit hin.
Boden 1
Tel. (055 52) 633 17
www.buerserberg.at

(E 7) Dalaas/Braz

Fallbachwand

Aus 1430 Meter Höhe stürzt glasklares Gebirgswasser 610 Meter tief über die Fallbachwand. Über 60 Grad steil ist der mittlere Teil dieses Naturdenkmales, dessen weithin sichtbarer Wasserfall zu den höchsten Österreichs zählt. Die Wasserführung hängt natürlich von der Jahreszeit ab (zur Zeit der Schneeschmelze ist die Menge unvergleichlich größer). Im Winter ist die Fallbachwand eine beliebte Route für Eiskletterer. Der Fuß des Wasserfalls ist auf einem neu angelegten, sicheren Panoramaweg zu erreichen. In Dalaas im Klostertal zweigt beim Gasthof Krone an der Klostertaler Landesstraße L 97 eine Gemeindestraße ab, auf der man etwa eine Viertelstunde aufwärts zu den Häusern der Parzelle Müß geht. Von dort führt ein Forstweg zum Fallbach.
Hausnummer 26, Dalaas
Tel. (055 85) 72 44
www.dalaas-wald.at

(E/F 7) Klösterle/ Wald am Arlberg

Bärenland Sonnenkopf

Ein Erlebnis für Kinder auf 1800 Meter Höhe: Bärenfallen bauen, mit dem Floß über den Bergsee, in eine Bärenhöhle klettern, „Schnaps" brennen und Brot backen.
Talstation der Bergbahnen bei der S 16, Ausfahrt Wald am Arlberg, Klösterle
Tel. (055 82) 292
www.sonnenkopf.com
Geöffnet Juli-Okt., Fahrt auf den Sonnenkopf mit einer modernen Seilbahn. Berg- und Talfahrt: 11,50 €, Kinder 5,50 €

(C 6) St. Gerold

Propstei

Die nach dem Eremiten Gerold (10. Jh.) benannte Propstei gehört zum Benediktinerkloster Einsiedeln in der Schweiz. Die Kirche soll auf dem Grab des heiligen Gerold um 1313 erbaut worden sein. In der Kirche befindet sich ein Altarfresko von Ferdinand Gehr. Die benachbarte Gnadenkapelle beherbergt eine schwarze Madonna von Einsiedeln. Heute ist das Kloster ein religiöses, soziales und kulturelles Zentrum (siehe Seite 100). Theateraufführungen, Seminare, Jazzkonzerte und Ausstellungen moderner Kunst finden hier regelmäßig statt. Auch Reittherapien werden hier angeboten. Die Propstei ist eine Stätte der Stille und Begegnung, umfasst Kirche, Kloster, Krypta, Gärten, Teiche, ein Labyrinth zum Meditieren, Restaurant, Weinkeller und eine Reithalle. Wer sich ein paar Tage Ruhe gönnen möchte, kann bei Pater Nathanael Wirth sogar übernachten, denn es gibt auch Gästezimmer in der Propstei.
Hausnummer 29
Tel. (055 50) 21 21
www.propstei-stgerold.at

(D 6) Sonntag

Erlebnis-Sennerei

Beim „Walserstolz" handelt es sich nicht um das gesunde Selbstbewusstsein der Menschen des Großen Walsertales, sondern um einen würzigen Bergkäse, der je nach Reifegrad cremig bis hart schmeckt. Im Sennlädele gibt es diese Käsespezialität in verschiedenen Reifestufen zu kaufen. Angeboten werden auch Produkte aus dem „Biosphärenpark", zu dem sich die Gemeinden des Großen Walsertales zusammengeschlossen haben: Bauernkäse, Spezialitäten von der Ziege, Sennerbutter, Joghurt, Waldhonig, Marmelade, selbst gemachter Speck und Obstler, selbst gebrannte Schnäpse.
Rufana 12
Tel. (055 54) 55 64
www.walserstolz.com
Mo-Fr 8.30-12 und 14.30-18 Uhr, Sa 8-12 und 14.30-18 Uhr

(E 7) Wald am Arlberg

Klostertal-Museum

Das Gebäude ist noch so erhalten, wie es sein damaliger Besitzer, Pfarrer Valentin Thöny, in den 1960er Jahren verlassen hat. Das Museum gibt Einblick in das bäuerliche Wohnen und Arbeiten des Klostertals. 1997 erhielt das Klostertal-Museum den Österreichischen Museumspreis.
Obere Gasse 11
Tel. (055 85) 73 90
Öffnungszeiten: Mai-Okt., Mi und So 14-17 Uhr; 3 €, Kinder: 1 €

MONTAFON

(E 8) St. Gallenkirch

Muntanella Stöbli

Mehr als 9000 Bierflaschen aus aller Herren Länder sind hier ausgestellt, eine der Raritäten ist die kleinste

Von der Wallfahrtskirche Rankweil schaut man nach Liechtenstein und in die Schweiz

MERIAN | TIPP

Kirchenkunstreise

Die ältesten und kunsthistorisch interessantesten Kirchen Vorarlbergs stehen im Montafon, im Walgau – zwischen Bludenz und Feldkirch – und in Damüls (D 5). Im Montafon kann man eine Kirchenkunstreise durch sechs Jahrhunderte unternehmen, wobei die Innenausstattung nach Erweiterungen und Erneuerungen meist aus verschiedenen Stilepochen stammt. Schöne Beispiele für kunsthistorisch wertvolle Dorfkirchen sind die **Knappenkirche St. Agatha am Kristberg/ Silbertal (E 7), die Dorfkirche St. Gallus in St. Gallenkirch (E 8), die Pfarrkirchen von Bartholomäberg (D 8) oder Tschagguns (D 8).** Reich mit Nazarenerkunst ausgestattet ist die Pfarrkirche von Schruns (D 8), einen üppigen neugotischen Stil verkörpert die Pfarrkirche von Silbertal (E 7). In den vergangenen Jahren wurden mehrere Montafoner Kirchen vorbildlich restauriert. Aber auch andere Vorarlberger Kirchen laden zu einer besinnlichen Variante des Erlebnisurlaubs ein, vom gotischen Dom in Feldkirch (A/B 5) über die 250 Jahre alte Kirche von Schwarzenberg (D 4) mit Bildern von Angelika Kauffmann bis zum hellen Barock der Wallfahrtskirche Maria in Bildstein (C3) und der 750 Jahre alten Basilika in Rankweil (B5) auf dem Liebfrauenberg.

Bierflasche der Welt, deren Wert Sammler auf mehr als 7000 Euro schätzen. Zum Essen gibt es heimische Spezialitäten, neben dem Bier ist der Strudel besonders zu empfehlen. Mittwochs ist Hüttenabend mit Livemusik.
Ziggamweg 213a
Tel. (055 57) 62 30
www.muntanella.at
Mo-Fr ab 14 Uhr
Wochenende ab 11 Uhr

(D 8) Schruns

Montafoner Heimatmuseum
Das Heimatmuseum befindet sich am Kirchplatz in einem mehr als 500 Jahre alten, rätoromanischen Haus, dem ehemaligen Sitz der Bergrichter. Hier kann der Besucher altes Kulturgut aus dem gesamten Tal sehen und wird über die Lebensweise der Montafoner in früheren Zeiten und heute informiert. Auf Wunsch werden auch Führungen durch das Museum angeboten.
Kirchplatz 5
Tel. (055 56) 747 23
Pfingsten bis Juni und Sept. bis 26. Okt. Di-Sa 14-17 Uhr, Juli-Aug Di-Sa 10-17 und So 14-17 Uhr, von Mitte Dez. bis eine Woche nach Ostern Di-Sa 16-18 Uhr; 3 €, Kinder: 1,50 €

(F 9) Partenen

Europatreppe
4000 Stufen, gut zweieinhalbmal so viele wie auf den Eiffelturm, führen von Partenen hinauf zur Bergstation der Vermuntbahn/Trominier. Sie wurde für den Bau der Stauseen errichtet. Heute eignet sie sich bestens zum Kalorienverbrennen: mit 700 Höhenmetern und einer maximalen Steigung von 86 Prozent.
Talstation Vermuntbahn
Tel. (055 56) 70 18 31 09
www.illwerke-tourismus.at
im Winter gesperrt, Benutzung kostenlos

(E 7/8) Silbertal

Freilichtbühne
Wo das Dorf Silbertal endet, beginnt eine neue, alte Zeit: 15 Gebäude aus Stein und Holz stehen da, und sie sehen aus, als wären sie mehrere hundert Jahre alt. Sie gehören zu einer fast 20 000 Quadratmeter großen Freilichtbühne – etwa drei Fußballfelder groß. Die Silbertaler Bühne zählt zu den größten Europas. Jedes Jahr spielen die Schauspieler eine alte Montafoner Sage nach, 2007 „Das Geheimnis um Madrisa“. Karten sollten reserviert werden, es gibt 400 überdachte Tribünenplätze.
Hausnummer 328
Tel. (055 56) 741 14
www.freilichtspiele.at
Juli-Anf. Sept. freitags und an einigen Samstagen, Beginn 21 Uhr, Bewirtung ab 19 Uhr; 20 €

Bergbau im Silbertal
Das Silbertal heißt nicht zufällig so. Zwischen dem 9. und dem 17. Jahrhundert wurden in dieser Montafoner Bergregion Silber, Kupfer und Eisen abgebaut. Die Abraumhalden sind längst bewachsen, doch auf dem Kristberg, der das Montafon vom Klostertal trennt, steht noch heute die Bergknappenkapelle St. Agatha. Sie ist das älteste original erhaltene Gotteshaus im Montafon und wurde 1507 von verunglückten, aber geretteten Knappen gestiftet. Das Bergbaumuseum im Obergeschoss des Gemeindeamts im Ort Silbertal zeigt die Geschichte des Montafoner Bergbaus.
Hausnummer 170
Tel. (055 56) 741 12
Mi und Fr 16-18 Uhr

ARLBERG

(F 7) Rauz-Zürs

Flexenpassstraße
Die Flexenstraße (B 198) führt von der Alpe Rauz oberhalb von Stuben auf den Flexenpass (1773 m) und von dort nach Zürs und Lech. Auf halber Höhe befinden sich zwei Haltebuchten. Wer dort eine Rast einlegt, sieht nicht nur weit in das Klostertal, sondern auch noch Reste von Tunneln des drei Meter breiten alten Weges, der ursprünglich durch einen steilen, lawinengefährdeten Südhang nach Zürs führte. Die Straße zählt zu den schönsten Straßen der Alpen.
Abzweigung Zürs/Lech bei Alpe Rauz, Arlbergpassstraße

Bei Zürs am Arlberg vor grandioser Bergkulisse über unberührte Hänge schwingen – ein Traum für alle Ski- und Snowboardfahrer

MERIAN | WINTERSPORT

Bretter-Paradies

Skifahren auf über 1200 Pistenkilometern

Einige der besten Skiläufer der Welt kommen aus dem Ländle. Olympisches Gold im alpinen Rennsport gewannen Trude Jochum-Beiser (1948, 1952), Othmar Schneider (1952), Egon Zimmermann (1964), Hubert Strolz (1988), Anita Wachter (1988), Patrick Ortlieb (1992) und Mario Reiter (1998). Der für Luxemburg startende Lustenauer Marc Girardelli war mit 46 Weltcupsiegen, fünf Weltcupgesamtsiegen, elf Weltmeisterschaftsmedaillen und zwei Olympiamedaillen der erfolgreichste Rennläufer der Geschichte.

Gelegenheiten zum Skifahren gibt es in Vorarlberg viele: 266 Skilifte und mehr als 1200 Pistenkilometer. Im Grunde ist die gesamte südliche Hälfte Vorarlbergs ein Skigebiet. Fast jedes Dorf hat einen Lift, die großen Skiregionen liegen nur wenige Minuten auseinander. Pisten von leicht (blau) bis mittel (rot) gibt es überall, schwierige Pisten (schwarz) vor allem in den höher gelegenen Regionen über 1800 m Höhe. Vorarlberg gilt von Mitte Dezember bis Mitte April als sehr schneesicher. Die Preise für einen Dreitages-Skipass liegen im Schnitt bei 80 Euro für Erwachsene, 50 Euro für Kinder.

Arlberg ist das bekannteste, teuerste und für viele das beste Skigebiet in Vorarlberg und das einzige in Österreich, das Heli-Skiing anbietet. Vormittags Ski fahren, nachmittags im T-Shirt am Bodensee sitzen – auch das geht in Vorarlberg, denn auf der Albona in **Stuben am Arlberg** fahren die Lifte bis zum 1. Mai. Es gibt 85 Lifte, die Pisten sind 276 Kilometer lang. (F 7)

Montafon Die Silvretta Nova in **Gaschurn/St. Gallenkirch** ist nach dem Arlberg das größte Wintersportgebiet mit vielen Skihütten und guten Après-Ski-Gelegenheiten. (E 8/9) Der Golm in **Vandans/Tschagguns** und das Hochjoch in **Schruns** eignen sich für Familien. 62 Lifte, 222 Pistenkilometer von leicht bis schwer. (D/E 8)

Alpenregion Bludenz Im **Klostertal** (Sonnenkopf) (E 7), im **Brandnertal** (C 7/8) und im **Großen Walsertal** (D/E 6) gibt es mehrere Skigebiete mit jeweils ein Dutzend Liften. Ideal für Anfänger und Familien. Die Lifte führen in hochalpine Regionen und sind deshalb gute Ausgangspunkte für Skitouren. Der Arlberg-Skipass ist auch am Sonnenkopf gültig. Die Linienbusse von **Bludenz** ins Klostertal und von Bludenz nach **Brand** können kostenlos benutzt werden, sie halten bei den Talstationen. 36 Lifte und 130 Pistenkilometer.

Bregenzerwald In **Warth**, (F/G 5/6), der Heimat von Olympiasieger Hubert Strolz, gibt es sehr viele Pisten für sportliche Fahrer. Die Lifte im vorderen Bregenzerwald (zum Beispiel Egg, Alberschwende) (C/D 3) sind für Anfänger gut geeignet. Einige Skigebiete liegen unter 1000 Höhenmetern – in schneearmen Wintern aber kann man von hier aus rasch höher gelegene Gebiete erreichen. 93 Lifte, 259 Pistenkilometer.

Kleinwalsertal Vormittags fahren Sie in Österreich, nachmittags in Deutschland, denn die Liftkarte ist auch in Oberstdorf gültig. Achtung: lange Anfahrtszeit. Dieses Skigebiet ist aus Vorarlberg nur über Deutschland zu erreichen. 47 Lifte, 120 Pistenkilometer von steil bis flach. (F/G 4/5)

Bodensee-Vorarlberg **Laterns-Gapfohl** (C 5) ist mit 6 Liften und 27 Pistenkilometern das einzige Skigebiet der Region. In vielen Orten gibt es kleine Lifte, die abhängig von der Schneelage betrieben werden. Wer noch nicht Ski fahren kann, hat hier genügend Gelegenheiten, es zu lernen. In den Vorarlberger Skigebieten arbeiten 1950 Skilehrer in 39 Skischulen. Informationen im Internet unter **www.skischulen.at** und **www.winterbahnen.at**

Die großen Lettern (L 3) beziehen sich auf die MERIAN-Karte auf S. 131

Baden
Der Bodensee hat im Juli und August oft eine Wassertemperatur von 25 Grad. Strandbäder gibt es in Bregenz, Hard, Fußach, Höchst,Höbranz und Lochau. In Hard gibt es auch einen eigenen FKK-Strand. Die Bäder haben von Mai bis September geöffnet.
Weitere Infos: Bodensee-Vorarlberg Tourismus
Tel. (055 23) 511 21
www.bodenseealpenrhein.at

Ballonfahren
Vorarlberg aus einer ungewöhnlichen Perspektive erkunden – von oben. Dort gewinnt man einen herrlichen Überblick über die Berge und den Bodensee. Eine Stunde kostet rund 200 Euro.
(B 5) Ballooning Vorarlberg
Bruderhof 12a, Klaus
Tel. (055 23) 511 21
www.ballooning.at

Bergschule
Für Familien mit Kindern: Die Teilnehmer lernen, sich von Brücken abzuseilen, Seilbrücken zu überqueren, zu klettern, abends wird gegrillt. Erwachsene 33 €, Kinder 24 €
(F 5) Bergschule Kleinwalsertal
Sonnhalde 6, Mittelberg
Tel. (055 17) 302 45
www.bergschule.at

Canyoning
Wem Wandern zu langweilig ist, der kann die Bergwelt beim Canyoning erkunden. Hierbei klettert man durch Gebirgsbäche, Schluchten und seilt sich über Felswände ab.
Landesweite Outdoor-Angebote
www.outdoor.vorarlberg.cc
Montafon-Guides Silvretta
Tel. (06 64) 102 60 28
www.montafon-guides.at

Geo-Caching
Beim Geo-Caching (eine Art satellitengesteuerte Schnitzeljagd in den Bergen) bekommt man ein GPS-Gerät, das wie ein Kompass funktioniert, und Koordinaten von Gegenständen, die sich irgendwo im Freien befinden. Damit geht es dann auf die Suche nach den Schätzen.
(E 9) Tourismusbüro Gaschurn
Tel. (055 58) 820 10

Golf
In Vorarlberg gibt es fünf Golfplätze: Bludenz-Braz, Gaschurn-Partenen, Riefensberg-Sulzberg, Schruns-Tschagguns und die Golfanlage Brand auf 1000 m Höhe. Der Blick von hier auf die Gletscher des Brandnertals ist einmalig. Auf der 18-Loch-Anlage gibt es Almhütten, Steilwände und den Gletscherbach Alvier.
(C 7) Golfclub Brand
Brandner Straße, Brand
Tel. (055 59) 450
www.gcbrand.at
www.golfvorarlberg.at

Heli-Skiing
Mit dem Hubschrauber auf den Berg fliegen und auf dem Gipfel landen. Weit und breit unberührte Hänge – der Arlberg ist die einzige Skiregion Österreichs, die Heli-Skiing anbietet. Der Hubschrauber fliegt auf den Mehlsack (2651 m) oder auf das Schneetäli (2450 m). Die etwa einstündige Abfahrt endet in Zug bei Lech. Ein Flug (1 Bergführer, 3 Passagiere) kostet etwa 340 Euro.
Info: Lech/Zürs Tourismusbüro
Tel. (055 83) 216 10
oder: www.wucher.at

Lama-Trekking
Wem der Rucksack zu schwer ist beim Wandern, der kann ihn von trittsicheren Lamas tragen lassen. Die Tiere können bis zu 30 Kilogramm schultern. Sechs verschiedene Touren stehen im Montafon zur Auswahl.
Veranstalter Horst Kuster
Tel. (06 64) 342 65 20

Marathon
Anstrengend, aber schön: Vom Silbertal im Montafon bis nach St. Anton am Arlberg in Tirol sind es genau 42,2 Kilometer und 1300 Höhenmeter. Der Forstweg führt durch die Wälder des Verwallgebirges. Einmal im Jahr findet der Montafon-Arlberg-Marathon statt. Die Schnellsten schaffen die Strecke in drei Stunden.
(E 7) Tourismusbüro Silbertal
Tel. (055 56) 741 12
Infos: www.montafon-arlberg-marathon.com

Mountainbike
In den meisten Bergregionen Vorarlbergs gibt es Forstwege, die im Sommer als Mountainbike-Strecken genutzt werden. Die Strecken sind beschildert. Entsprechende Bikes können in den örtlichen Sportgeschäften ausgeliehen werden. Der Preis liegt je nach Modell zwischen 7 und 24 € pro Tag.

Paragliding
Im Ortszentrum von Lech am Arlberg steigt man in die Rüfikopf-Seilbahn, die auf 2362 Metern Seehöhe endet. Vom Bergrestaurant ist der Tandem-Flug mit einem Paragliding-Schirm möglich. Während des Flugs sieht man die berühmten Berge des „Weißen Rings", jene Skilifte, die Lech und Zürs zu einem Skikarussell verbinden.
Flight-Connection Arlberg
Tel. (06 64) 141 51 66
Auch im Montafon, Brand, Bregenzerwald und Kleinwalsertal ist Paragliding möglich. Informationen in den Tourismusbüros. Preis für einen Tandemflug etwa 170 €.

Radfahren
399 Kilometer fährt der Vorarlberger statistisch pro Jahr mit dem Fahrrad – so viel wie nirgendwo in Österreich. Das Radwegenetz ist mehr als 300 Kilometer lang und reicht vom hintersten Montafon bis nach Bregenz. Eine der beliebtesten Routen ist die etwa 250 Kilometer lange Strecke rund um den Bodensee. Räder können in den örtlichen Sportgeschäften ausgeliehen werden. Die Preise reichen von 7 bis 16 €. Spezielle, geführte Radtouren gibt es in Bizau und Schruns-Tschagguns.

Sennen lernen
In der ersten Sennschule Vorarlbergs lernen die Teilnehmer, einen essfertigen Käse herzustellen. Das Produkt kann mitgenommen werden, ein Sennerzertifikat bestätigt die erfolgreiche Teilnahme. Das Gebäude, in dem die Schulungen stattfinden, ist ein gelungenes Beispiel für moderne Vorarlberger Architektur.
(D 3) Sennschule
Bruggan 1025, Egg
Tel. (055 12) 30 44
www.molkeprodukte.com
Dauer: vier Stunden, Termine nach Vereinbarung, Preis: 49 €

Sommerrodelbahn
In Bizau im Bregenzerwald gibt es die längste Sommerrodelbahn der Welt: 1850 Meter lang, 80 Kurven. Es bringt fast so viel Spaß wie im Winter, dafür aber friert man nicht. In Laterns gibt es eine etwas kleinere Bahn.
(D 4) Sommerrodelbahn Bizau
Tel. (055 72) 250 79
www.hirschberg.at
(B/C 5) Sommerrodelbahn Laterns **Tel. (055 26) 252**
www.laterns.at
Die Bahnen sind von Juni bis September geöffnet.
Preis: 9,50 €, Kinder 6,80 € (Laterns: 4,80 € und 3,70 €)

Wandern in Vorarlberg
„Uf da Bearga isch mi Leaba" – auf den Bergen ist mein Leben – ist ein bekanntes Vorarlberger Heimatlied. Und wen soll das auch wundern in einem Land, das mit Hügeln beginnt und mit Gletschern endet. Wandermöglichkeiten gibt es genügend: Die Wege sind ingesamt 6000 Kilometer lang – das entspricht der Strecke vom Nordkap bis nach Ägypten. Sie sind sehr gut präpariert und einheitlich beschildert: Gelb steht für leicht begehbar, rot für Bergwanderung (Schuhe mit griffiger Sohle erforderlich) und blau für einen alpinen Steig (für trittsichere und schwindelfreie Wanderer mit Bergerfahrung). Einheimische, staatlich geprüfte Bergführer kennen jeden Kieselstein ihrer Region und führen sicher durchs

Richtige Felsen hochzuklettern macht auch den Kleinen großen Spaß. Die korrekte Technik lernen sie in Bergschulen

Gelände; Kontakt stellen die Tourismusbüros her. Das Honorar richtet sich nach der Länge der Tour und dem Schwierigkeitsgrad. Einige Regionen, zum Beispiel die Alpenregion Bludenz, bieten so genannte Moby-Scouts an. Das Gerät ist ein satellitengesteuertes Navigations- und Informationsinstrument, das 2D- und 3D-Karten positionsgenau zeigen kann. Im Unglücksfall ist damit ein gezielter Rettungseinsatz möglich. Erhältlich in den Tourismusbüros. Eine Übersicht über die schönsten Panorama-Wandertouren gibt es kostenlos in den Tourismusbüros und bei Vorarlberg-Tourismus.
Vorarlberger Bergführer
Tel. (06 64) 223 49 35
www.bergfuehrer.at/vorarlberg
Vorarlberg Tourismus
Tel. (055 74) 42 52 50
www.vorarlberg.travel
Hütten- und Wegeinfos:
Österreichischer Alpenverein
Tel. (055 52) 626 39
www.alpenverein.at/vorarlberg

Silbertaler Waldschule
Tief durch die Nase atmen, dann wissen Sie, wo Sie sind: Bergwälder riechen anders. Ein nasser Geruch, eine Mischung aus Tannenzapfen und Farnen. Der Wald ist nicht nur Lebensraum der Roten Ameisen mit ihren großen, teilweise meterhohen Haufen. Er ist vor allem Lawinenschutz im Winter. Die Silbertaler Waldschule bietet Exkursionen mit Wald- und Naturpädagogen an.
(E 7) Tourismusbüro Silbertal
Tel. (055 56) 741 12
www.silbertaler-waldschule.at
Dauer: 4 Stunden

Leicht **Bodensee-Vorarlberg/ Laternsertal**
Rundwanderung Laterns – Alpwegkopf (B/C 5)
Häuser, die nur über einen Forstweg zu erreichen sind, der Nachbar einige hundert Meter weit weg, Stille, Idylle – das Laternsertal ist ein Streusiedlungsgebiet der Walser. Vom Wegweiser bei der Kirche in Laterns-Thal (921 m) geht es auf direktem Weg nach oben zu den Höfen. Von dort auf einem wenig befahrenen Weg zum Ortsteil Schwende und weiter bis zum Alpwegkopfhaus (1481 m). Hier kann man gut Rast machen, eine Jause bestellen und das Panorama auf sich wirken lassen. Der Rückweg führt über Bergweiden nach Furx, einem kleinen Dorf, das im Winter ein Skigebiet ist.
Landbus Linie 65
(Strecke Rankweil–Bad Laterns), Haltestelle Laterns-Löwen
Bodensee-Vorarlberg Tourismus
Tel. (055 74) 43 44 30 *Gehzeit: 2,5 Stunden, Höhenmeter: 450 m*

Leicht **Montafon/Gaschurn**
Schlafes Bruder (E 9)
Robert Schneider wuchs im Vorarlberger Dorf Meschach auf, sein Buch „Schlafes Bruder“ wurde zum Bestseller. 1995 verfilmte Joseph Vilsmaier den Roman. Als Kulisse wählte der Regisseur jenen Ort aus, in dem er seit Jahren Urlaub machte: Gaschurn im Montafon. Dort, in den Wäldern, nicht weit von der Baumgrenze, liegt das Garneratal. Start der Wanderung ist bei der Bergstation Tromenier der Vermuntbahn in Partenen. Wer eine gute Kondition hat, kann auch über die längste Treppe Europas (4000 Stufen) vom Tal zur Bergstation laufen. Von dort geht es weiter über den Tschambreubach bis zum Schafboden und vorbei am Garneratal. Der Weg führt den Wanderer an vielen Maisässen vorbei – heute eine Art Schrebergärten der Einheimischen in den Bergen. Fragen Sie, ob hier „Schlafes Bruder“ gedreht wurde. Kann gut sein, dass Sie als Antwort bekommen: „Ich habe sogar mitgespielt.“ Die Statisten wurden nämlich vor Ort, im Montafon, gecastet. Der Weg zurück führt bis Gaschurn.
Tourismusbüro Gaschurn-Partenen Tel. (055 58) 820 10
Gehzeit: 5 Stunden
Höhenmeter: 800 m

Mittel **Bregenzerwald/ Kleinwalsertal, Hochkrumbach**
Vom Hochtannberg zur Mindelheimer Hütte (F/G 5)
Die Einheimischen sagen über den Widderstein, dass sich dort oben, an den Südflanken, das Licht buchstäblich trinken lasse. Nichts störe den Fluss der Sonne über den Gipfeln des Lechquellengebirges. Beim Gasthof Adler in Hochkrumbach (1670 m) geht es los in Richtung Widdersteinhütte (2009 m), über den Gemstelpass und die Obergemstelalpe (1694 m). Der Weg ist ein alter Migrantenpfad: Im 14. Jahrhundert wanderten die Walser aus dem heutigen Schweizer Kanton Wallis über diese Wege in die karge Bergregion.
Auf der Mindelheimer Hütte (2058 m) ein zünftiges „Marend“ essen, das ist der Vorarlberger Ausdruck für Jause. Keine leichte Wanderung, aber allein schon des Blicks wegen auf die Lechtaler Alpen und den Allgäuer Hauptkamm empfehlenswert.
Landbus Linie 40
Bregenzerwald Tourismus
Tel. (055 12) 23 65
Gehzeit: 6 Stunden
Höhenmeter: 700 m

Mittel **Klostertal-Arlberg, Stuben**
Albona – Kaltenberghütte (F 7)
In Stuben, dort wo die Arlbergpass-Straße beginnt, leben die besten Skifahrer Vorarlbergs. Der Hausberg „Albona“ ist das Tiefschneegebiet des Arlbergs, und wer dort Ski fahren gelernt hat, kommt jeden Hang runter, sagt man. Hannes Schneider, 1890 in Stuben geboren, erfand die moderne Skitechnik und gründete 1921 im Nachbarort St. Anton am Arlberg die erste Skischule Österreichs.
Die Talstation der Stubner Bergbahn ist der Ausgangspunkt der Wanderung. Vor und neben dem Wanderer liegen Trittkopf, Valluga, Albona, jene Berge, die im Winter die steilsten Pisten des Arlbergs sind. Auf der gegenüberliegenden Talseite liegt die vor mehr als 100 Jahren gebaute Flexenpass-Straße, die nach Zürs am Arlberg führt. Auf dem Weg kommt man am Stubiger See vorbei. Das kleine Gewässer ist gut für eine Rast: Wer abgehärtet ist, kann darin baden. Auf der Kaltenberghütte sollte man den Marillen-Topfenstrudel von Hüttenwirt Uli Rief probieren und

sich auf die Terrasse setzen. Von dort hat man den vielleicht schönsten Blick ins Klostertal.
Tourismusbüro Klösterle
Tel. (055 82) 777
Gehzeit: 4 Stunden
Höhenmeter: 680 m

Mittel bis schwer Alpenregion Bludenz/Brandnertal
Mondspitze, Schillerkopf (C 7)
Von der Mondspitze (1967 m) und dem Schillerkopf (2006 m) hat man den Eindruck, als würden sie aus dem Nichts auftauchen, die Berge des Klostertals, Montafons, Brandnertals und Großwalsertals. Los geht es vom Gasthof Dunza auf der Tschengla in Bürserberg. Von dort wandert man zur Ronaalpe. Wer früh aufbricht, bestellt am besten ein Älplerfrühstück oder eine Alpjause mit Hartwürstl und Käse. Vielleicht hören Sie ein Geräusch, das irgendwo zwischen Bellen und Schnalzen liegt – in Alpnähe lebt eine kleine Murmeltierkolonie. Weiter geht es auf der Forststraße in Richtung Nenzing zum Klampersättele und dann steil aufwärts zur Mondspitze und weiter zum Schillerkopf. Hier ist die größte Gipsdoline Vorarlbergs: 200 Meter breit und 100 Meter tief. Früher hieß der Schillerkopf deshalb auch „Kessikopf", was „Schöpfkelle" bedeutet, nach der Form dieser Erdvertiefung.
Landbus Linie 81
Tourismusbüro Bürserberg
Tel. (055 52) 633 17
Gehzeit: 6 Stunden
Höhenmeter: 1100 m

Alpwanderungen

Almen heißen in Vorarlberg Alpen. Mehr als 1000 Älpler bewirtschaften mit 10 000 Milchkühen und 4300 Schafen die 560 Alpen in Vorarlberg. Die Senner bieten frische Milch, Käse und Brettljausen zu günstigen Preisen an. Der Alpabtrieb im Herbst zählt zu den Höhepunkten des Jahres. Im Bregenzerwald, Montafon, Klostertal und Großwalsertal finden in den Dörfern dann große Volksfeste statt. Die schönsten Alpwanderungen sind in der Broschüre „Auf Sommerfrische" zusammengefasst. Sie ist kostenlos erhältlich bei den Tourismusbüros oder zu bestellen unter
Tel. (055 74) 42 52 50
Einige Alpgebiete sind auch mit dem Auto erreichbar. Die Straßen sind mautpflichtig (etwa 10 Euro für Hin- und Rückfahrt).
Mautstraßen:
Bizau – Schönenbach (D/E 4)
Mai bis Oktober, Wanderbus
Hittisau – Lecknertal (E 3)
Mai bis November
Lech – Zugertal (F 6) *Von Lech am Arlberg fahren Busse im 20-Minuten-Takt (Nebensaison alle 40 Minuten) zum Formarinsee und Spullersee*

Montafon/Alpenregion Bludenz
Wasserstubental (E 7/8)
Ausgangspunkt ist die Bergstation des Kristbergs (1450 m), die vom Silbertal oder von Dalaas auch zu Fuß erreichbar ist. Silbertal heißt das Gebiet, weil hier vor mehr als 1000 Jahren Bergknappen Erze und Steinfarben schürften. Von der Bergstation führt ostwärts ein leicht ansteigender Güterweg ins Wasserstubental. Für eine erste Pause bietet sich nach etwa einer Stunde die Kapelle „Zum Wildfried" an – an einem Hochmoor, auf 1562 m. Nach einer weiteren Stunde erreicht man die Obere Wasserstubenalpe (1743 m). Die Senner verkaufen „Surakäs", was Sauerkäse heißt, aber anders schmeckt als gewöhnlicher Sauerkäse. Der „Surakäs" ist ein Magerkäse, sehr würzig im Geschmack, mit einer speckigen Rinde. Nicht jedermanns Sache, aber man sollte ihn probieren. Im Süden des Landes wird er in die Kässpätzle gerieben oder mit Zwiebeln, Essig und Öl roh gegessen.
Landbus Linie 88 (Schruns-Silbertal), Montafon Tourismus
Tel. (055 56) 72 25 30 *Gehzeit: 4 Stunden, Höhenmeter: 340 m*

Bregenzerwald **Lecknertal** (E 3)
Hittisau ist eine Gemeinde im Bregenzerwald, und man erzählt sich, dass es in keinem österreichischen Dorf mehr Alpen gebe. Jedenfalls kann man nirgendwo sonst eine Wanderung machen, die an fünf Alpen vorbeiführt, davon vier Sennalpen, in denen die Milch direkt verarbeitet wird. Ausgangspunkt ist der Parkplatz am Ende des Lecknertals, das zur Gemeinde Hittisau gehört und über eine Mautstraße zu erreichen ist. Proviant wäre für diese Wanderung völlig unnötiges Gepäck, denn nach einem kurzen Anstieg erreicht man die „Juliansplattealpe" (1160 m), wo man das selbst gebackene Bauernbrot probieren sollte. Nur 80 Höhenmeter weiter liegt die Schwarzenberger Plattealpe – hier ist die Buttermilch sehr zu empfehlen. Der Weg führt streckenweise an einem Grat entlang. Bei guter Sicht schaut man bis ins Allgäu. Auf der Plattentischalpe (1460 m), einer Holzhütte mit Blumen an den Fenstern, übersommern Schafe und Ziegen. Die Senner stellen Schafmilchjoghurt und Ziegenkäse her. Zurück geht es über die Rohnehöhe und die Rohnealpe, die für würzigen Hartkäse bekannt ist. Falls Sie bis jetzt noch keinen Käse eingekauft haben: Die Glockenplattealpe (1276 m) kurz vor dem Ende des Rundwegs hat einen Verkaufsladen.
Bregenzerwald Tourismus
Tel. (055 12) 23 65
Gehzeit: 4 Std, 660 Höhenmeter

MERIAN | TIPP

Deuring Schlössle

Fragt man den Vorarlberger nach einem guten Restaurant, fällt meistens der Name „Deuring Schlössle". Das Lokal zählte 2006 zu den acht besten Restaurants Österreichs. Römische Mauerreste und gotische Fassaden erinnern an die bewegte Geschichte des Hauses. Im 17. Jahrhundert wurde das ehemalige Wehr zur Verteidigung der mittelalterlichen Stadt von Johann Albert von Deuring zum Schloss umgebaut. Gemeinsam mit seiner Frau Bernadette führt Heino Huber, einer der bekanntesten Köche Österreichs, seit 1994 dieses Hotel. In einer gemütlichen Lounge mit Fauteuils serviert der Koch kleine Portionen der Speisen, die auf der Abendkarte stehen. Etwa eine Maiscremesuppe mit Tomatenpesto, eine Creme von der Gänseleber oder Saltimbocca von der Hirschkalbkeule mit Ingwerrotkraut (drei Gänge für 14 Euro, sieben Gänge für 29 Euro). Die angebotenen Gerichte sind bodenständig (Bodenseefelchen) bis ausgefallen (Langostinoschaumsuppe). Falls Sie noch kein Wiener Schnitzel in Österreich gegessen haben: Für 18 Euro gibt es das österreichische Nationalgericht vom Kalbsrücken mit Preiselbeeren. Das Restaurant ist zugleich ein kleines Hotel. Künstler wie Egon Schiele oder William Turner waren im „Schlössle" zu Gast und malten das Gebäude – die Suiten im Dachgeschoss tragen ihre Namen.

(c 3) Ehregutaplatz 4
Bregenz, Tel. (055 74) 478 00
www.deuring-schloessle.at
Mo-Sa 18-22 Uhr €€€

Preiskategorien

Alle Adressen im Info-Magazin sind MERIAN-Empfehlungen. Preiskategorien Restaurants: Der Preis für ein Hauptgericht liegt bei € unter 12 €, €€ bis 18 € €€€ über 18 €

BODENSEE-VORARLBERG

Bregenz

(b/c 2) Café Götze
Ein heimeliges, kleines Café alten Stils, holzvertäfelt und mitten in der Fußgängerzone. Das Traditionshaus wurde 1887 von der Familie Schindler in Bregenz gegründet und wird in der vierten Generation geführt. Die Vitrine ist ein Schaufenster der besten Kuchen Vorarlbergs: Cremeschnitten und Birnenschokotorte, Bregenzer Torte mit Marzipan, Himbeerfruchttorte, Punschkrapfen. Die Konditoren stellen auch Pralinen her – aus Nougat-, Marzipan-, Ganachen- oder Buttertrüffel. Die Champagnertrüffel wurden zu den „Original Bregenzer Festspieltrüffel" gekürt und sind in Originalverpackungen der Bregenzer Festspiele im Café erhältlich.
Kaiserstraße 9, Bregenz
Tel. (055 74) 445 23
www.conditorei-goetze.com
Mo-Fr 8-18 Uhr, Sa 8-16 Uhr
So und feiertags geschlossen

(c 2) Neubeck
Keine Hirschgeweihe an den Wänden – dieses Restaurant erinnert mit seinen roten Lederbänken an ein französisches Bistro. Küchenchefin Nina Sotriffer hat in Frankreich und Südostasien gelebt. In der Küche fusionieren die Rezepte dieser Länder mit den Spezialitäten Vorarlbergs. Was dabei rauskommt? Zanderfilet an Teriyaki-Ingwer-Sauce oder Blutwurstravioli mit Salbeibutter. Mehr als 150 Weine stehen zur Auswahl.
Anton-Schneider-Straße 5
Bregenz, Tel. (055 74) 436 09
www.neubeck.at
Di-Fr 11.45-14 Uhr und
Di-Sa ab 18 Uhr €€€

(C 3/4) Dornbirn

Conrad Sohm
„Gommr is Sohm" ist kein arabischer Satz, sondern heißt: „Lasst uns ins ‚Conrad Sohm' gehen". Das „Sohm" ist ein fast 100 Jahre altes Fabrikgebäude, das zu einer Mischung aus Bar und Club umgebaut wurde. Das einmalige System der verschiebbaren Bars macht es möglich, dass im „Sohm" Konzerte stattfinden können, Ausstellungen, Lesungen und Kabarettvorstellungen. Besonderheit: Das „Sohm" hat ein eigenes Wasserkraftwerk zur Stromerzeugung. Eintritt frei, außer bei Veranstaltungen.
Boden 1, Dornbirn
Tel. (055 72) 354 33
www.conradsohm.com
Do-Sa ab 23 Uhr

M in Dornbirn
Das Auge isst ja bekanntlich mit: äußerlich ein Gebäude aus Stahl, innen Akazienholz und dunkles Leder. „M" steht für Mairitsch, der Namen des Kochs. Im Wintergarten blühen Thymian, Lavendel und Palmen. Österreichische Küche, von Fisch bis Mehlspeisen. Gäste können sich aus zwei großen, begehbaren Schränken den Wein selbst aussuchen.
Lustenauer Straße 64
Dornbirn
Tel. (055 72) 21 03 96
www.m-dornbirn.at
Mo-Sa 10-14.30 Uhr und
17-1 Uhr, So und an Feiertagen
geschlossen €€€

(A/B 5) Feldkirch

Braugaststätte Rösslepark
Ein Gasthaus mit eigenem Bier, einem Kellerbier, das von der Vorarlberger Brauerei Frastanz gebraut wird. Der Rösslepark ist eine moderne Braugaststätte ohne Holztischgarnituren oder volkstümliche Musik. Die Fassade ist aus Glas, die Wände aus Holz. Jedes Gericht hat seinen eigenen Namen: Der Wurstsalat heißt „Wurschtlerei" und die Toasts zum Beispiel „Haflinger": Schwarzbrot mit Schinken, Salami, Pilzen und Käse überbacken.
Rösslepark 1, Feldkirch
Tel. (055 22) 76 54 30
www.roesslepark.at €

Café Zanona
In der Fußgängerzone von Feldkirch, gegenüber dem Churer Tor, treffen sich Studenten und junge Leute. Braune Lederbänke, großen Spiegel, Jazz und Barmusik, manchmal spielt jemand auf dem Piano. Das Kuchenangebot reicht von der Esterházyschnitte bis zum Apfelstrudel. Mittags und abends stehen auch kleine, warme Speisen zur Auswahl.
Montfortgasse 3, Feldkirch
Tel. (055 22) 736 35
Mo-Fr 8.30-24, Sa 8-17 Uhr
Mai-Sept. bis 14 Uhr

(B 3) Hard

Fischerheim am Schleienloch
Idyllisch gelegenes Ausflugsrestaurant am Bodensee-Radwanderweg am rechten Rheindamm. Von der Terrasse hat man einen Panoramablick auf den Bodensee. Der Name ist Programm: Die Fischspezialitäten sind sehr zu empfehlen.
Am rechten Rheindamm 60
Hard, Tel. (055 74) 782 20
Mo und Do-Sa 11-23 Uhr
geöffnet, So und an Feiertagen 9-21 Uhr. Juli-Aug.
nur Di Ruhetag €€

Die großen Lettern (L 3) beziehen sich auf die MERIAN-Karte auf S. 131

Heino Huber ist Hausherr und Küchenchef im Bregenzer Restaurant Deuring Schlössle

In der Reihe „Die gute alte Küche" wartet der Band „Vorarlberg" mit Leckereien wie „Gefülltes Schweinskarree mit Dörrzwetschgen" auf. Ueberreuter Verlag, 2006, 9,95 €

(C 2) Lochau

Mangold
Das „Mangold" ist seit Jahren ein Treffpunkt für Gourmets. Nicht schick ist hier wichtig, sondern bodenständig gut. Große Auswahl an österreichischen Weinen, vornehmlich Gerichte aus heimischen Produkten. Hausspezialität ist die geröstete Kalbsleber.
Pfänderstraße 3, Lochau
Tel. (055 74) 424 31
www.restaurant-mangold.at
Di-So 11.30-14 Uhr und 18-22 Uhr €€€

(B 5) Rankweil

Gasthof Taube
Gasthäuser, die von den Einheimischen gern besucht werden, sind gewöhnlich keine schlechte Wahl. Die „Taube" wurde von den Lesern der *Vorarlberger Nachrichten* zum „Vorarlberger Wirtshaus des Jahres 2005" gekürt. Bekannt ist der Gasthof, der nahe der Basilika in Rankweil liegt, wegen seiner Fondue-Spezialitäten.
Ringstraße 1, Rankweil
Tel. (055 22) 44 21 10
www.gasthof-taube.at
Di 14-24, Mi-So 8-24, Mo Ruhetag. Küche 11.30-14 Uhr und 18-22 Uhr €€

BREGENZERWALD

(D 4) Andelsbuch

Bregenzerwälder Käsehaus
Es ist ein bisschen wie in einem kitschigen Film: Man sitzt an massiven Holztischen und schaut auf die Pfarrkirche und die denkmalgeschützte 200 Jahre alte Linde. Seit Frühling 2001 gibt es das Bregenzerwälder Käsehaus. Traditionelle Küche heißt hier: gut, viel und preiswert. Auf der Speisekarte ist alles Käse, ob das vegetarische panierte Bergkäseschnitzel, die Schupfnudeln mit Käse oder die Käseknödel mit Röstzwiebeln.
Hof 144, Andelsbuch
Tel. (055 12) 263 46
www.kaesehaus.com
Mo-Fr 9-18, Sa 8-18, So und an Feiertagen 10-18 Uhr €

(D 4) Bezau

Gasthof Gams
Mittags österreichische Küche: Zwiebelrostbraten, Schupfnudeln, Kaiserschmarrn. Abends Gourmetrestaurant: geschmorter Lammrücken im Almheu unter einer Salzkruste mit blauen Erdäpfeln. Das Wirtshaus ist viele Jahrhunderte alt – die Weine lagern in einem Gewölbekeller aus dem Jahr 1648 – und zählt zu den bekanntesten des Bregenzerwaldes. Wer Mehlspeisen mag, sollte die Zimtbuchteln mit einer Soße aus schwarzen Nüssen probieren – köstlich.
Platz 44, Bezau
Tel. (055 14) 22 20
www.hotel-gams.at
Wirtshaus tgl. 12-14 Uhr und 18.30-21.30 Uhr, Gourmetrestaurant Mi-So ab 18.30 €€

(E 3) Hittisau

Gasthof Krone
Löwen, Traube oder Krone: Ein Gasthaus mit einem dieser Namen gibt es in jedem Vorarlberger Dorf. Meistens wird deshalb zum Namen der Ort dazugesagt, damit keine Verwechslungen entstehen. „D'Krona z'Hittisau" jedenfalls ist kein gewöhnliches Dorfgasthaus. Seit mehr als zehn Jahren lobt der „Gault Millau" Köchin Wilma Natter für ihre „natürliche und kreativ-regionale Küche". Zu vielen Gerichten gibt es Käse: Spinatknödele mit geriebenem Bergkäse, oder das kleine Schweinsfilet mit frischem Spargel, harmonisch verfeinert mit Bergkäse.
Am Platz 185, Hittisau
Tel. (055 13) 62 01
www.krone-hittisau.at
Mo und Di 9-14 und 17-24 Uhr. Fr, Sa, So und an Feiertagen 9-24 Uhr €€

KLEINWALSERTAL

(F 5) Mittelberg

Naturalp Gemstel-Schönesboden
Am Ende des Gemsteltals liegt die Naturalp Schönesbodenhütte, die um 1650 erbaut wurde. Frischer Bergkäse, der Schinken wird im Ofen heiß geräuchert. Die Hütte ist ab Bödmen (Haltestelle) zu Fuß in 30 Minuten erreichbar.
Im Gemsteltal, Mittelberg
Tel. (06 50) 981 00 28
Tägl. ab 9 Uhr €

(G 4) Riezlern

Alpenhof Jäger
Die 300 Jahre alte „Humbachstube" ist ein Feinschmeckerlokal. Warmer Salat von Eierschwammerln mit Heuriederschinken, Lendchen vom Rehbock mit Kirschsauce, Spätzle, die vom Brett geschabt werden. Der Koch gilt als Meister in der Zubereitung von Wild.
Unterwestegg 17, Riezlern
Tel. (055 17) 52 34
www.alpenhof-jaeger.de *Tägl. ab 18 Uhr, Di Ruhetag* €€

ALPENREGION BLUDENZ

(C/D 7) Bludenz

Remise
In der Remise in Bludenz, nur wenige Meter von der Fußgängerzone der Altstadt entfernt, finden Konzerte, Lesungen und Diskussionen statt. Das dazugehörige Café und Restaurant hat eine große Terrasse. Von dort hat man einen wunderbaren Panoramablick auf die Bergwelt des Vorarlberger Südens. Angeboten werden kleine Speisen und Kuchen, auch kleine Snacks wie eine Ofenkartoffel. Abends treffen sich die Einheimischen nach der Arbeit in der Remise auf ein Bier.
Raiffeisenplatz 1, Bludenz
Tel. (055 52) 304 07
www.remisebludenz.at
Mo-Fr 10-1, Sa 9-1 Uhr So und an Feiertagen geschl. €

(C 7) Brand

Brandner Hof
Wer ins Restaurant geht, sieht große Tische, die an eine Massenabfertigung für Bustouristen erinnern – doch der Eindruck täuscht. Der Brandner Hof zählt zu den besten Restaurants der Alpenregion Bludenz. Gut bürgerlich kann man hier essen: Fondue, Steak, Wiener Schnitzel und Zürcher Geschnetzeltes, aber auch Zanderfilet oder rosa gegartes Hirschfilet

Birnenclafoutis mit Weinschokolade und Eis im „Mangold" in Lochau

MERIAN | TIPP

Theatercafé

Die katholischen Vorarlberger nehmen die Sonntagsruhe ernst: Es ist gar nicht so leicht, ein Café zu finden, das vormittags zum Frühstücken geöffnet ist. Das Theatercafé in der Bregenzer Innenstadt zählt zu den besten Cafés in Vorarlberg. 20 Kaffeevariationen stehen auf der Karte. In Österreich heißt der Espresso „Kleiner Schwarzer" und mit etwas Obers (Sahne) „Kleiner Brauner". Ein Fiaker ist ein Glas Mokka mit Rum, eine „Maria Theresia" ein doppelter Mokka mit einem Schuss Orangenlikör. Im Café treffen sich die Einheimischen am Wochenende zum Frühstücken. Tipp: das „Energy Frühstück" mit Speck, Eiern und heimischem Käseteller (9,50 €). Wer noch ein Mitbringsel aus dem Ländle sucht: Die vier Konditoren des Cafés stellen Schokolade her. Die edel eingepackten Tafeln (von Nuss über Orange-Pistazien bis Rosmarin-Edelschokolade) haben einen Schokoladengehalt von bis zu 75 Prozent. Und wer etwas Besonders sucht, sollte das hausgemachte Dattelmarzipan probieren.

(c 2) Kornmarktplatz 4
Bregenz, Tel. (055 74) 471 15
www.theatercafe.at
Di-Sa 8-20 Uhr, an Sonn- und Feiertagen von 9 bis 19 Uhr

Die Gams von Bezau lädt zum Lammrücken und gepflegten Weinen

stehen auf der Karte.
Brand 183, Brand
Tel. (055 59) 260
Tägl. 11-24 Uhr im Sommer und Winter €€

(D 7) Braz

Gasthof Rössle

Zwischen Kirche, Schule und Gemeindeamt liegt dieses Lokal. Am Stammtisch wird Gemeindepolitik gemacht – und in der Küche des Traditionsgasthauses ausgezeichnet gekocht. Das Rössle ist von „Gault Millau" und „Michelin" ausgezeichnet worden. Sehr empfehlenswert sind die Wildgerichte und die Desserts wie zum Beispiel das knusprige Törtchen mit Wachauer Marillen.
Arlbergstraße 67, Braz
Tel. (055 52) 28 10 50
www.roesslebraz.at *Mi-So 11.30-22, Di ab 17 Uhr* €€€

MONTAFON
(E 7) Silbertal

Gasthof Kristberg

Der Montafoner trifft sich nicht zum „Brunchen". Er isst ein Montafoner Bergfrühstück mit Sura Käs, Brösel, Speck, frischer Milch und Butter. Brösel ist der Montafoner Ausdruck für Riebel, einer Vorarlberger Spezialität aus Grieß. Im Anschluss wird eine Führung in der Bergknappenkapelle St. Agatha am Kristberg angeboten (Anmeldung erforderlich).
Kristberg 240, Silbertal
Tel. (055 56) 722 90
www.kristberg.at €

(D 8) Tschagguns

Montafoner Hof

Hier wird im Dirndl serviert und die Gaststube ist selbstverständlich holzgetäfelt. Gut möglich, dass ein paar Mitarbeiter spontan zum Akkordeon greifen, um ein bisschen Stimmung zu machen. Die „Montafoner Stube", so heißt das Restaurant im Hotel, ist ein Gourmetlokal, der Gault Millau lobte besonders die Pflege regionaler Kost. Neben Rehcarpaccio mit Trauben bekommt man hier aber auch ein Brettljause.
Kreuzgasse 9, Tschagguns
Tel. (055 56) 710 00
www.montafonerhof.com
Tägl. außer Mi und Do 11.30-14 Uhr und 18.30-21 Uhr €€

ARLBERG
(F 6) Lech am Arlberg

Schneggarei

Die modernste Skihütte Österreichs. Serviert werden österreichische Schmankerln und Pizza aus dem Holzofen. Zum Après-Ski ebenso geeignet wie für ein uriges Essen am Abend. Die Hütte ist auch ohne Skier zu erreichen, sie liegt neben der Talstation der Schlegelkopfbahn im Ortszentrum.
Lech am Arlberg,
Tel. (055 83) 398 88
www.schneggarei.at
Im Winter tägl. 12-1 Uhr €

Hotel Krone

Am Arlberg weiß man über das Essen vor allem zwei Dinge: Man kann überall sehr gut essen, dafür ist es besonders teuer; die Vorarlberger nennen das Höhenzuschlag. Vom Panoramarestaurant des Hotels Krone sieht man abends die Pistenwalzen auf dem Schlegelkopf und dem Kriegerhorn fahren – und das ist einen Aufschlag wert. Die Gaststube ist mit den Möbeln eines Pfarrhauses aus dem 18. Jahrhundert eingerichtet. Fragen Sie den Sommelier nach dem passenden Wein – er weiß zu jedem Tropfen eine Geschichte.
Hausnummer 17, Lech am Arlberg Tel. (055 83) 25 51
www.romantikhotelkrone-lech.at
Sept.-Nov. und Apr.-Juni geschlossen. Winter- und Sommersaison täglich geöffnet €€€

Fischteich

Im kleinen Ortsteil Zug bei Lech am Arlberg kann man die Fische auf Wunsch selber fangen. Die Spezialität ist Forelle, die mit einer besonderen Holzspanmischung geräuchert und im gemütlichen Fischerstüble serviert oder für den Transport nach Hause vakuumiert verpackt wird.
Hausnummer 580/17, Lech am Arlberg Tel. (055 83) 25 66
Anfang Juni- Ende Sept. €€

Wellness-Walserhaus: Das Hotel „Chesa Valisa“ zeigt außen robuste Gemütlichkeit und moderne Eleganz im Wintergarten

MERIAN | TIPP

Höhen-Schlaf

Berghütten bieten fast so viel Komfort wie Hotels

Die Sterne sind so hell, als hätte jemand kleine Glühbirnen in den Himmel gesteckt. Diese absolute Stille, ein Geräusch, das man verlernt hat zu hören. Weit und breit gibt es kein anderes Licht. In der Ferne schimmert die Silhouette der Berge. Abends sitzt man mit Bergsteigern zusammen und hört Geschichten von früher, als es noch keine Skilifte gab. Man trinkt

Trutzburg: Die Kaltenberghütte liegt auf 2089 Metern am Arlberg

selbst gebrannten Schnaps und genießt eine Brettljause: geräucherte Würste, Brot und Käse, und man übernachtet im Schlafsack. Die Zeiten, in denen es auf Berghütten nur Matratzenlager gab, sind längst vorbei. Zum Zähneputzen muss man nicht mehr raus an den Gebirgsbach. Die meisten Hütten bieten den Komfort von Stadthotels.

In den Bergen zu übernachten ist ein Gefühl, das man mit nach Hause nimmt. Die frische, angenehm kühle Luft, das Alleinsein, das Kitzeln der Sonnenstrahlen in der Früh. In Vorarlberg gibt es fast 50 bewirtschaftete Alpinhütten, Einkehr mit Übernachtung dort ist ein guter Tipp für einen Spontanurlaub übers Wochenende. Achten Sie auf den Wetterbericht: Die Hütten liegen in hochalpinen Regionen, wo auch im Juli und August mal 20 Zentimeter Schnee über Nacht fallen können.

Die Schutzhütten des **Österreichischen Alpenvereins** (ÖAV) und **Deutschen Alpenvereins** (DAV) stehen jedem Wanderer offen. In den Hütten ist die Hüttenordnung zu beachten, so ist zum Beispiel die Verwendung von Schlafsäcken Vorschrift. Speziell im Frühsommer und im Herbst sollten man sich vor Antritt einer Tour im Tal erkundigen, ob die Hütten im Wandergebiet geöffnet sind, da sich aufgrund der Schneelage die Öffnungszeiten verschieben können. Größere Gruppen sollten sich rechtzeitig anmelden, damit der Hüttenwirt die Plätze reservieren kann. Eine Übernachtung im eigenen Schlafsack kostet zwischen 9 und 24 Euro. Mitglieder des Österreichischen und Deutschen Alpenvereins erhalten bis zu 50 Prozent Ermäßigung. Alle Hütten bieten über die genannte Bettenanzahl hinaus auch einfache Lagerplätze an.

Eine Auswahl der schönsten Hütten:

(C 5) **Freschenhaus (ÖAV) Laterns** Ideal für Familien ist diese Hütte auf 1846 Meter. Mit dem Bus (Linie 65) geht es bis nach Laterns-Bonacker, Haltestelle Krone. Von dort führt ein Wanderweg zur Hütte, Gehzeit: zwei Stunden. 26 Betten.
Tel. (06 64) 352 85 09, www.alpenvereinshuetten.at

(F 7) **Kaltenberghütte (DAV) Langen am Arlberg** Wer im Klostertal, in Wald am Arlberg oder in Klösterle, abends in die Berge schaut, sieht ein Licht oberhalb der Baumgrenze. Es ist jenes vom schönsten Balkon des Tales, von der Kaltenberghütte auf 2089 Meter in Langen am Arlberg. Wer nicht gern wandert, fährt mit dem Auto bis zum Arlbergpass (St. Christoph am Arlberg), von dort führt ein Spazierweg zur Hütte (1,5 Stunden, 300 Höhenmeter). Es gibt 30 Betten.
Tel. (055 82) 790, www.tannheimertal.at/kaltenberg

(B 8) **Mannheimer Hütte (DAV) Brand** Die höchst gelegene Hütte Vorarlbergs ist eine der modernsten: Die Mannheimer Hütte im Rätikon liegt auf 2679 Metern oberhalb des Lünersees im Brandnertal direkt am Brandner Gletscher. Wer mit der Seilbahn zum See fährt, schafft die Tour in drei Stunden. Nur für geübte Wanderer. 25 Betten.
Tel. (06 64) 352 47 68, www.dav-mannheim.de

(F 10) **Wiesbadener Hütte (DAV) Partenen** Nicht ganz so abgeschieden wie die anderen Hütten, deshalb ein guter Einstieg in das Hüttenleben. Von Partenen im Montafon fährt man auf der Silvretta-Hochalpenstraße bis zur Bielerhöhe. Von dort wandert man in zwei Stunden durch das Ochsental zur Hütte. 40 Betten.
Tel. (055 58) 42 33, www.wiesbadener-huette.com

Österreichischer Alpenverein (ÖAV)
Tel. 0043-(055 52) 626 39, www.alpenverein.at/vorarlberg
Deutscher Alpenverein (DAV)
Tel. 0049-(089) 29 49 40, www.alpenverein.de
Naturfreunde Vorarlberg
Tel. 0043-(055 74) 457 81, www.naturfreunde.at

Die großen Lettern (L 3) beziehen sich auf die große MERIAN-Karte ab Seite 131

BODENSEE-VORARLBERG

Bregenz

(b 3) **Best Western Hotel Weißes Kreuz**
Die Zimmer dieses Vier-Sterne-Hotels sind nostalgisch und im regionalen Stil eingerichtet. Das Haus befindet sich im Zentrum, nur wenige Gehminuten von der Seepromenade.
Römerstraße 5, 6900 Bregenz
Tel. (055 74) 498 80
Fax 49 88 67, www.bestwestern-ce.com/weisseskreuz €€€

(c 3) **Elisabeth Einsle**
Günstiger kann man in der Landeshauptstadt kaum übernachten. Die Zimmer der kleinen Pension sind schlicht, mit viel Holz und sehr gepflegt. Das Haus liegt in einem ruhigen Wohngebiet. Der Bodensee ist nicht weit, und von der Terrasse hat man einen wunderbaren Blick auf den See.
Berg-Isel-Weg 5, 6900 Bregenz
Tel. und Fax (055 74) 451 44
www.pension-einsle.at.tf €

(c 2) **Haus Rüscher**
Zentral gelegenes Haus mit renovierten Gästezimmern, die mit viel Liebe zum Detail ausgestattet sind. Reichhaltiges Frühstück mit frischen Produkten aus der Region.
Scheffelstraße 9, 6900 Bregenz
Tel. (06 64) 546 30 04
Fax (055 74) 437 91
www.haus-ruescher.at €

(a/b 4) **Hotel-Restaurant Schwärzler**
Das Vier-Sterne-Haus in Bregenz-Weidach eignet sich gut für Wochenendgäste. Die Zimmer sind modern und bieten jeglichen Komfort. In 20 Minuten ist man zu Fuß in der Innenstadt. Beliebt ist auch das Gourmet-Restaurant des Schwärzler mit regionaler und internationaler Küche.
Landstraße 9, 6900 Bregenz
Tel. (055 74) 499 00
Fax (055 74) 475 75
www.s-hotels.com €€

(C 3/4) Dornbirn

Gartenpension „Andreas Hofer"
Das Haus ist nach dem Tiroler Freiheitskämpfer benannt, erinnert aber wenig an das Nachbarland.Schnörkellos und traditionell. Günstige Alternative zu den Hotels.
Moosmahdstraße 34
6850 Dornbirn
Tel. (055 72) 227 11
Fax (055 72) 22 71 14
www.andreashofer.cc €€

Hotel Four Points
Die Zimmer des Four Points befinden sich in den oberen Stockwerken eines Panoramahauses nahe der Autobahnausfahrt Dornbirn-Süd der A14. Die modern-schlicht gestalteten Zimmer haben Flatscreen und Internetanschluss. Von der Sky-Bar im elften Stock hat man einen atemberaubenden Blick über das Rheindelta.
Messestraße 1, 6850 Dornbirn
Tel. (055 72) 388 80
Fax (055 72) 38 88 30
www.4p-sheraton-dornbirn.at €€€

Hotel Martinspark
Übernachten im neuesten und besten Style: Der Martinspark ist Österreichs erstes Designhotel, entworfen von den Vorarlberger Stararchitekten Carlo Baumschlager und Dietmar Eberle. Die grüne Fassade ist sehr markant, das dazugehörige Restaurant ein Hingucker: Es sieht aus wie ein grünes Luftschiff.
Mozartstraße 2
6850 Dornbirn
Tel. (055 72) 376 00
Fax (055 72) 376 03 76
www.martinspark.at €€€

(A/B 5) Feldkirch

Hotel Alpenrose
Vier-Sterne-Hotel in der Altstadt von Feldkirch, mitten in der Fußgängerzone. Gästen ist die Zufahrt mit dem Auto gestattet. Die Zimmer des familiengeführten Hauses sind mit Antiquitäten im Biedermeierstil eingerichtet und vermitteln den Charme eines alten Bürgerhauses aus dem 16. Jahrhundert.
Rosengasse 6
6800 Feldkirch
Tel. (055 22) 721 75
Fax (055 22) 72 17 55
www.hotel-alpenrose.net €€

Landgasthof Schäfle
Bereits seit 1889 gehört das Schäfle zu den traditionellen Gasthöfen in Feldkirch und wirkt dabei ganz frisch und modern. Pension mit drei Sternen und sehr gutem Preis-Leistungs-Verhältnis. Die Zimmer sind in hellem Holz möbliert.
Naflastraße 3
6800 Feldkirch-Altenstadt
Tel. (055 22) 722 03
Fax (055 22) 722 03 17
www.schaefle.cc €€

KLEINWALSERTAL

(F 4) Hirschegg

Hotel Chesa Valisa
Das erste zertifizierte „Alpine Wellness-Hotel" Österreichs ist ein gutes Beispiel dafür, was Wohnen in den Alpen heißt: Als Holzhaus mit Schindeln ist das Gebäude in seinem Kern ein traditionelles Walserhaus – mit grünen Fensterläden, Balkon und Satteldach. Innen dominieren Holz, Lehm, viel Glas und warme Farben. Das Gebäude ist ein Vorzeigebau modernster Vorarlberger Architektur. Jede Woche stellt der Koch ein neues „Vitalgericht" zusammen.
Gerbeweg 18
6992 (D-87568) Hirschegg
Tel. (055 17) 541 40
Fax (055 17) 51 08
www.naturhotel.at €€

(F 5) Mittelberg

Hotel Leitner
Jeder Tag im Vier-Sterne-Haus Leitner beginnt mit einem ausgiebigen Frühstücksbuffet: Butter, Käse und Milch aus der Sennerei, Wurst und Schinken aus der Hausschlachterei. Im alten Walserhaus hält man die Tradition hoch, seit 1570 ist es im Familienbesitz. Vom Panoramapool in der großzügigen

Preiskategorien

Alle Adressen im Info-Magazin sind MERIAN-Empfehlungen. Preiskategorien Hotels: Der Preis für das günstigste Doppelzimmer (Mittelsaison): € bis 60 €, €€ 60-120 €, €€€ 120-200 €, €€€€ über 200 €

MERIAN | TIPP

Golfen im Schnee

Weit oben am Hang liegt der Gasthof Hörnlepass im Kleinwalsertal. Sind die Dörfer am Fuße der Berge, ist man hier schon am Knie. Im Sommer lohnt sich ein Besuch bei Wirtin Christine Keck, die einen riesig großen Kräutergarten pflegt und gern Auskunft über die heilenden Wirkungen ihrer Pflanzen gibt. In einem Schuppen nebenan trocknet sie die Kräuter für die Weiterverarbeitung zu Tees, Cremes oder Spirituosen, die allesamt hier gekauft werden können. Zusätzlich werden Massagen und Aromatherapien angeboten. Im Winter kommen Golffans aus aller Welt in das abgelegene Haus, denn hier befindet sich einer der ganz wenigen Wintergolfplätze Europas. Sobald genug Schnee liegt, legt Wirt und Koch Rüdiger Keck seinen 8-Loch-Platz mit Hilfe einer Schneeraupe an. Bunte Bälle erleichtern das Wiederfinden nach einem gelungenen Schlag. Die Zimmer im Landhausstil sind einfach, meist mit Dusche und WC, es gibt aber auch Etagenduschen. Der Blick aus den Fenstern ist immer unverstellt und phänomenal.

Alpengasthof Hörnlepass
(G 4) Außerwald 1
6991 (D-87567) Riezlern
Tel. (055 17) 570 70, Fax 570 77
www.hoernlepass.de €

Wellnesslandschaft hat man einen wunderbaren Blick auf die Bergkette.
Walserstraße 55
6993 (D-87569) Mittelberg
Tel. (055 17) 57 88
Fax (055 17) 57 88 39
www.hotel-leitner.de €€€

BREGENZERWALD
(E 5) Au

Haus Alpina
Die Frühstückspension liegt an einem Hang im Grünen. Die Skilifte sind gleich um die Ecke – ideal für Familien. Das Frühstücksbuffet bietet die besten Produkte des Bregenzerwaldes. Sauna und Fitnessraum.
Rehmen 30, 6883 Au
Tel. (055 15) 23 65
Fax (055 15) 23 65 71
www.haus-alpina.at €€

(D 4) Mellau

Naze's Hus
Wer in einem echten „Wälder Hus" übernachten möchte, muss nicht in einen Hof ohne fließendes Wasser ziehen. „Naze's Hus", was so viel heißt wie Ignaz' Haus, ist das einzige denkmalgeschützte Haus in Mellau. Die Zimmer sind mit Zirbenholzmöbeln, was die Regeneration im Schlaf verbessern soll, ausgestattet und mit Lehm verputzt und deshalb gut für Allergiker geeignet.
Tempel 73, 6881 Mellau
Tel. (06 50) 462 79 29
Fax (055 18) 26 70
www.nazes-hus.at €€

ALPENREGION BLUDENZ
(C/D 7) Bludenz

Val Blu Ressort
Das Val Blu ist das größte öffentliche Hallenbad der Region mit Pool-Landschaft, Saunaland und Kletterwand. Das gleichnamige 120-Betten-Haus ist mit der Wasserwelt verbunden. Gut geeignet für einen Kurzurlaub. Von Bludenz aus fährt man mit dem Auto etwa 20 Minuten ins Montafon, Klostertal, Brandnertal oder Großwalsertal; in 30 Minuten ist man in Bregenz.
Haldenweg 2a
6700 Bludenz
Tel. (055 52) 631 06
Fax (055 52) 63 10 64
www.valblu.at €€

(C 7) Brand

Haus Orchidee
Urlaub heißt hier: rustikale Zimmer. Schlitten sind im Zimmerpreis enthalten, und auf Wunsch fährt der Vermieter seine Gäste mit einem Oldtimer-Traktor durchs Dorf. Regelmäßig finden Hüttenabende auf der Alpe des Hausherren statt. Urig und schön gemütlich.
Gufer 92, 6708 Brand
Tel. (055 59) 327, Fax 32 79
www.orchidee-brand.at €

(C 7) Bürserberg

Berghotel Schillerkopf
Die Tennisplätze sind nur wenige Meter entfernt, die Liegewiese ist riesig. Das Haus liegt auf 1200 Meter im Wandergebiet Tschengla. Wer am Morgen auf dem Balkon frische Luft schnappen will, blickt auf Bludenz und die umliegenden Täler. Im Haus gibt es Hallenbad, Kräuterdampfbad und eine Sauna. Guter Ausgangspunkt für Wandertouren, Skilift und Loipen sind in der Nähe.
Tschengla 1, 6707 Bürserberg
Tel. (055 52) 631 04, Fax 674 87
www.schillerkopf.at €€

(E 7) Wald am Arlberg

Haus Sonnblick
Bei der Familie Bilgeri wohnt man wie in einem guten Hotel, zahlt aber nur den Preis einer Frühstückspension. Abends kann man hier so gut essen, dass es eigentlich schade ist, dass dies nur den Hausgästen vorbehalten ist. Von der Terrasse hat man einen Panoramablick auf den Arlberg und die Klostertaler Bergwelt. Achtung: Wer im Winter anreist, sollte Schneeketten im Kofferraum haben. Der Ort liegt auf über 1000 Meter und die schmale Dorfstraße ist steil.
Obere Gasse 38
6752 Wald am Arlberg
Tel. (055 85) 73 67
Fax (055 85) 736 76
www.clubaktiv.at €€

Der traditionsreiche „Gasthof Post“ in Lech ist ein Fünf-Sterne-Haus, in dem schon Königin Beatrix logierte

MONTAFON

(E 9) Gaschurn

Posthotel Rössle
Seit mehr als 190 Jahren gibt es das „Rössle“, kurz vor dem Talabschluss des Montafon. Bereits in fünfter Generation führt die Familie Keßler das Rössle. Früher, als Gaschurn noch ein karges Dorf war, war das Haus eine Unterkunft für Bergsteiger. Heute macht man hier Urlaub wie im Heimatfilm: Dirndl, Blumen auf dem Balkon, naturbelassenes Holz statt weißer Wände. In der getäfelten Montafoner Stube mit Kachelofen kann man sich nach dem Skifahren oder Wandern erholen. Der Speisesaal ist aus dem 19. Jahrhundert. Die Zimmer bieten zwar modernsten Standard, doch manchmal hört man es noch schön knarzen, wenn man über den Fußboden läuft.
Dorfstraße, 6793 Gaschurn
Tel. (055 58) 833 30
Fax (055 58) 83 33 50
www.posthotel-roessle.at €€€

(E 8) Gortipohl

Frühstückspension Rudigier
Gortipohl ist ein kleines Dorf im Hochmontafon. Die Frühstückspension ist eine preiswerte Alternative für Urlauber, die in den Ferien auch ohne Wellness-Oase auskommen. Alle Zimmer haben einen Balkon mit Blick auf die Berge der Silvretta. Der Skibus hält fast vor der Haustür.
Hausnummer 23 a
6791 Gortipohl
Tel. (055 57) 61 30, Fax 613 08
www.pension-rudigier.at €

(D 8) Schruns

Alpenhotel Bitschnau
Mountainbike-Fahrer haben in diesem Hotel einen Vorteil: Der Chef, Rudi Bitschnau, fährt mit seinem Rad durch die Montafoner Berge. Er kennt die schönsten Routen und weiß, wo es schwierig werden könnte. Mit seinen Gästen unternimmt er regelmäßig geführte Touren. Das Vier-Sterne-Haus ist ideal für einen sportiven Wellness-Urlaub: In drei Minuten ist man zu Fuß an der Talstation des Skigebiets Hochjoch-Zamang, in fünf Minuten am Golfplatz, mit dem Auto sind es vier Minuten zum Montafoner Tenniscenter. Hallenbad, Außenwhirlpool, Soledampfbad, Finnische Sauna, Sanarium sind im Hotel. Ausgezeichnetes Frühstücksbuffet mit Montafoner Produkten.
Silvrettastraße 175, 6780 Schruns
Tel. (055 56) 757 00, Fax 75 70 08
www.alpenhotel-bitschnau.at €€€

Hotel Vitalquelle Gauenstein
Im Foyer des Hotels steht eine große Holztruhe. Hier kann man „hineinwerfen, was man im Urlaub nicht braucht“. Das Hotel liegt etwas abseits – in der kleinen Gemeinde Schruns heißt das: fünf Minuten zu Fuß in den Ort. Wer im Urlaub die Nächte durchfeiern möchte, ist hier falsch, es ist ein ruhiges Haus. Die Zimmer sind im Montafoner Stil mit viel Holz und Schnitzereien gehalten. Die 800 Quadratmeter große Wellnesswelt bietet Kristallsauna, Aquarinagrotte, Dampfkesselbad, Heustadl und Brotofenstube. Im Freien ist ein 1100 Quadratmeter großer Schwimmteich.
Außerlitzstraße 80, 6780 Schruns
Tel. (055 56) 770 49
Fax (055 56) 77 04 99 98
www.vitalquelle.at €€€€

ARLBERG

(F 6) Lech am Arlberg

Hotel Gasthof Post
Wer in Lech von der Post spricht, denkt nicht an Briefmarken. Der Gasthof Post ist das kleinste Fünf-Sterne-Hotel im 1450 Meter hoch gelegenen Walserdorf Lech und gilt als Kleinod österreichischer Gastlichkeit. Ein schönes, gepflegtes Walserhaus, das zur renommierten Kette „Relais & Châteaux Hotels“ zählt. In diesem Haus urlaubt die Prominenz, zum Beispiel Hollands Königin Beatrix. Die Zimmer sind stilvoll antik mit alpenländlichem Mobiliar eingerichtet.
Dorf 11, 6764 Lech am Arlberg
Tel. (055 83) 220 60, Fax 22 06 23
www.postlech.com €€€€

Pension Zöggeler
Wer sich die schicken Hotels im Nobelskiort nicht leisten kann, muss nicht auf einen Urlaub am Arlberg verzichten. Die Zimmer in dieser Frühstückspension sind modern, die Skilifte zu Fuß zu erreichen. Und der Blick auf das Lecher Omeshorn vom Fenster ist kostenlos.
Hausnummer 41, 6764 Lech
Tel. (055 83) 21 38, Fax 21 38 22
www.lech-zuers.at/zoeggeler €€

MERIAN | BREGENZ-BUMMEL

Am Berg und am See

Bregenz, die schmucke Perle am Bodensee, verzaubert mit Barockkunst, moderner Architektur, kleinen Galerien und großartigen Ausblicken

Der ausgedehnte Spaziergang führt in die Oberstadt und an den See

Das Kunsthaus ist der Diamant der Bregenzer Kulturszene. Hier, beim Meisterwerk des Schweizer Architekten Peter Zumthor, beginnt unser Spaziergang: Der Glaskörper des **Kunsthauses Bregenz** spiegelt die Farbtöne von Himmel und Bodensee wider. Im Innern des Kunsthauses finden wechselnde Ausstellungen namhafter zeitgenössischer Künstler statt. Schräg hinter dem modernen Glaspalast steht die **Nepomukkapelle**, ein barockes Kleinod von 1757. Gehen Sie die Kornmarktstraße vor bis zum Kornmarktplatz, wo sich das **Vorarlberger Landesmuseum** befindet. Die vier Stockwerke der „Schatzkammer des Landes" bergen archäologische Funde aus Bronze- und Römerzeit ebenso wie Kunstwerke vom Mittelalter bis zum 20. Jahrhundert. Wenn Sie nun nach links in die Rathausstraße einbiegen, gelangen Sie zur **Seekapelle** mit ihrem Zwiebeltürmchen. Früher reichte der See fast bis an die Kirchenmauern. Mit einem Schlenker nach links kommen Sie in der Anton-Schneider-Straße 4a an der **Galerie Lisi Hämmerle** und in der Bergmannstraße 6 am **Magazin 4 Bregenzer Kunstverein** vorbei. Beide widmen sich neuer, junger Kunst. Geradeaus, am Kolpingplatz, steht die **Herz-Jesu-Kirche**. Der wuchtige, helle Backsteinbau wurde im 20. Jahrhundert errichtet. Wer jetzt noch keine Pause braucht, läuft hoch in die **mittelalterliche Oberstadt**. Hier steht das Wahrzeichen der Stadt: der **Martinsturm** mit seiner riesigen Zwiebelhaube. Ursprünglich diente der Turm als Getreidespeicher. Heute ist hier ein militärhistorisches Museum untergebracht. In der **Martinskapelle** befinden sich Fresken aus dem 14. und 15. Jahrhundert. Durch Thalbachgasse und Schlossbergstraße geht es weiter zur **Stadtpfarrkirche St. Gallus**. Vom mächtigen Kirchenbau über der Stadt hat man einen guten Ausblick. Über die Kolumbanstraße wandern Sie wieder hinunter zur weltlichen Kunst: in die Gallusstraße, wo in der Nummer 12 die **Editionswerkstatt Bernd Smodics** und in der Nummer 10 das **Künstlerhaus Palais Thurn & Taxis** wechselnde Ausstellungen moderner Kunst zeigen. Über die Kirchstraße, am Landesarchiv vorbei, biegen Sie in die Römerstraße ein. Hier hat die **Galerie Arthouse** ihren Sitz (Nr. 7). Über die Klostergasse kommen Sie zum Gebäude der **EA-Generali** (Quellenstraße 1), das vom österreichischen Architekten Hans Hollein entworfen wurde. Laufen Sie nun über die Mehrerauer- und Stadionstraße bis zur **Seebühne** und genießen Sie den Blick über den Bodensee. Der vielleicht schönste Teil des Rundgangs führt an der **Seepromenade** entlang. Durch die Unterführung gelangen Sie auf die Bahnhofstraße. Hier finden Sie neben dem Geschäfts- und Bürokl otz Seegalerie die **Touristeninformation**. Zum Schluss sollten Sie durch die Fußgängerzone der **Kaiserstraße** und **Leutbühel** bummeln und in der Deuringstraße 9 in **Fredis Käslädele**, beim mehrfach ausgezeichneten „Käsepapst", Vorarlberger Käse kaufen.

Bregenz leuchtet: Blick auf den Yachthafen, die Alte Post (Mitte) und das Kunsthaus

Ähnlich wie dieses Holzmodell muss das Bauern-Parlament auf der Bezegg ausgesehen haben

MERIAN | WAHRZEICHEN

Republik der Wälder

Im Bregenzerwald gab es seit dem 16. Jahrhundert eine „Bauernrepublik" – ihr Parlament stand auf steinernen Pfeilern auf der Passhöhe Bezegg

Die Architektur des Gemeindezentrums in Andelsbuch erinnert an den historischen Vorgängerbau

Ein merkwürdiges Haus war das, dort oben auf 800 Metern, auf halbem Weg von Andelsbuch nach Bezau, in der geographischen Mitte des Bregenzerwaldes. Das Gebäude war aus Holz und hatte keine Eingangstür. Es war auf meterhohen, steinernen Pfeilern gebaut. An bestimmten Tagen schob man eine Leiter durch eine im Boden befindliche Falltür, Männer kletterten ins Haus, die Leiter wurde weggezogen, die Eingeschlossenen begannen zu diskutieren. Sie beschlossen Gesetze und fällten Urteile. Die Leiter, erzählt man sich, wurde erst wieder angelegt, nachdem ein Beratungsergebnis erzielt worden war. So habe es das Volk damals gewollt. Die Sitzungen konnten mehrere Tage dauern.

Das seltsame Gebäude auf der Passhöhe Bezegg war das Rathaus der Wälder „Bauernrepublik". Landammann (Richter), Landschreiber und Räte tagten dort und beschlossen Vorschriften, die ins Gesetzeswerk, den so genannten Landsbrauch, übernommen wurden.

Ein stures, eigenwilliges Bauernvolk seien die Wälder, sagen die Vorarlberger bis heute, und der Bregenzerwald sei eine Welt für sich. Vielleicht liegt es daran, dass die Bauern damals ihre Gesetze selbst machten und ihnen egal war, was die anderen darüber dachten.

Die Bewohner des Bregenzerwaldes entwickelten schon früh ein starkes Zusammengehörigkeitsgefühl. Das früher gänzlich von Wald bedeckte Tal zwischen Bodensee und Arlberg wurde seit Beginn des 11. Jhs. besiedelt, arme Bauern und Handwerker aus Bregenz und der Bodenseegegend zogen in den „Wald". Das heutige Vorarlberg war zersplittert in zahlreiche Regionen, die ihr politisches Eigenleben führten. Auf Gemeindeebene regelten die „Gerichte" das Recht, öffentliche Versammlungen aller Männer. Seit dem frühen 14. Jh. entstanden Zusammenschlüsse der örtlichen Gerichte, die Landstände. Sie setzten sich aus Bürger- und Bauernvertretern zusammen, Adel und Geistlichkeit waren dort nicht vertreten. Die Landstände gehören zu den ersten überregionalen demokratischen Regierungsformen der Neuzeit, Versammlungen fanden in den Rathäusern von Feldkirch, Bregenz und Altach-Bauern statt.

Die Räte des hinteren Bregenzerwaldes tagten im Rathaus auf der Bezegg. Die Bauern waren von der Außenwelt nahezu abgeschnitten, das Gebiet gehörte nicht zum nahen Bregenz, sondern zu Feldkirch, mehrere umständliche Tagesreisen entfernt. Zudem profitierten die Bregenzerwälder von den besonderen Freiheitsprivilegien, die ihre Herrschaft Feldkirch im Habsburgerreich genoss. So konnten sie in einer Art Bauernrepublik leben, mit eigener Gerichtsbarkeit und Verfassung. An der Abhängigkeit von den geistlichen oder weltlichen Grundherren, an Lehnszinsen, Steuern und Abgaben änderte das freilich nichts.

Die erste urkundlich erwähnte Sitzung auf der Bezegg fand 1522 statt. Gut 250 Jahre lang hatte die Bauernrepublik Bestand, sie endete erst Ende des 18. Jahrhunderts unter den Reformen von Maria Theresia und Josef II. 1807 wurde das Rathaus abgerissen. 1871 errichtete man auf der Passhöhe zur Erinnerung eine Säule aus Stein, die so genannte Bezeggsul. Sie ist heute das Wahrzeichen von Andelsbuch und Teil des Wappens der 2300-Seelen-Gemeinde.

Das heutige Gemeindezentrum in Andelsbuch ist ein zweigeschossiger Verwaltungsbau aus Sichtbeton und Glas. Der Würfel ist eine Holzkonstruktion, die auf vier Stahlbetonstützen ruht. Darunter ist ein öffentlicher Platz.

Die Einheimischen sehen in dem Gemeindezentrum nicht nur ein Vorzeigestück der modernen Vorarlberger Architektur. Für sie ist das Gebäude eine Neuinterpretation jenes Rathauses der Wälder Republik, das vor 500 Jahren auf der Bezegg errichtet wurde.

Wegbeschreibung Vom Gemeindeamt Andelsbuch zur Kirche, von dort weiter zur Parzelle Gaß und zur St.-Antonius-Kapelle (Landammannsfeld). In der Parzelle Ließen die Straße überqueren und den Radwanderweg zum Bezeggstausee nehmen; Aufstieg an einem Bergbach entlang zur Bezeggsul und zur Bezeggkapelle (902 m). Abstieg nach Bezau.

Dauer: 1½ Stunden von Andelsbuch nach Bezau.

(D 4) Tourismus Andelsbuch, Tel. (055 12) 25 65, www.andelsbuch.at

Freuen Sie sich auf das nächste Heft | Im Handel ab 22. 2. 2007

Auf dem Kirchberg toben sich die Architekten aus: die neue Philharmonie von innen

Auf dem Grenzfluss geht's langsam voran: umschwärmte Moselschiffer

Auf dem Tanzboden gelingt Integration: die Portugiesen von Echternach

Luxemburg die Unbekannte in der Mitte

Eine Stadt, ein Land, ein Großherzogtum und eine der Hauptstädte Europas, das alles ist Luxemburg. Vielsprachig und weltläufig, aber auch beschaulich und traditionell. Und schon zum zweiten Mal europäische Kulturhauptstadt

> Im Tal und auf dem Fels: Wie sich eine kleine Metropole zusammensetzt
> In Wald und Dorf: Wie Fahrrad und Boot das Land erschließen
> In der Mehrheit: Wie ein kleines Land mit seinen vielen Gästen umgeht
> Im Gespräch: Wie Jean-Claude Juncker Europa weiterdenkt
> Im Schloss: Wie die berühmteste Fotoaustellung der Welt zustande kam

Zuletzt erschienen:

Januar 2007

Dezember 2006

November 2006

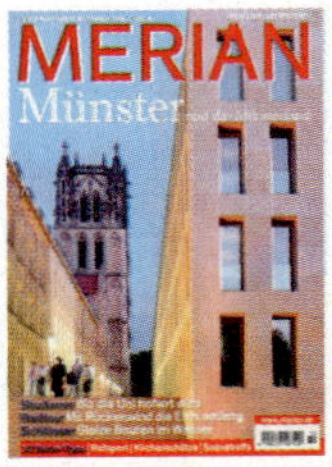

Oktober 2006

September 2006

August 2006